Este libro pertenece a

_____

...¡una jovencita que quiere de veras
tomar buenas decisiones!

Guía
de una
Jovencita
para las
buenas
decisiones

ELIZABETH GEORGE

Publicado por
Unilit
Medley, FL 33166

© 2014 Editorial Unilit (Spanish translation)
Primera edición 2014

© 2013 por Elizabeth George
Originalmente publicado en inglés con el título:
A Girl's Guide to Making Really Good Choices
por Elizabeth George.
Publicado por Harvest House Publishers
Eugene, Oregon 97402
www.harvesthousepublishers.com
Todos los derechos reservados.

Fotografía de la cubierta: © 2014 Iancu Cristian, Vorobyeva, Kalenik Hanna. Usadas con
permiso de Shutterstock.com.

Producto 495840 • ISBN 0-7899-2113-8 • ISBN 978-0-7899-2113-0
eBoook: ISBN 0-7899-5809-0 • ISBN 978-0-7899-5809-9

Impreso en Colombia
Printed in Colombia

Categoría: Jóvenes/General
Category: Youth /General

Con sumo placer y con mucho amor,
le dedico este libro
a mis cuatro nietas, mis «jovencitas».

Taylor Zaengle
Katie Seitz
Grace Seitz
Lily Seitz

Me alegra muchísimo ver que aman a Dios
y desean tomar buenas decisiones
basadas en su Palabra.
Las amo, las valoro y oro con fervor por ustedes.

Reconocimientos

Para Barb Sherrill, vicepresidenta de mercadeo en *Harvest House Publishers*, ¡un agradecimiento muy especial para ti! Nunca olvidaré la reunión de editorial donde abriste tu corazón y me pediste un libro para adolescentes, para que las muchachas de tu clase preadolescente de la Escuela Dominical pudieran tener un libro especial para estudiar, un libro solo para ellas. Barb, el resultado de tu deseo fue mi libro *Una joven conforme al corazón de Dios*. Conocías la necesidad... la cual se ha expandido a un segundo libro, este libro: *Guía de una jovencita para las buenas decisiones*. Te doy las gracias, y estoy segura que también lo harán las mamás, abuelas, tías y maestras en todo el mundo. Gracias por dedicarles tu tiempo y tu corazón a las jovencitas que pasan por tu clase en la iglesia.

Contenido

Tienes que tomar decisiones

¡Hola! Soy tu nueva amiga, Elizabeth. Estoy muuuy emocionada de poder hablar contigo acerca de la cantidad de decisiones maravillosas que puedes tomar como una jovencita conforme al corazón de Dios. A decir verdad, deseo acompañarte mientras lees este importante libro que es solo para ti.

Para ayudarme a ilustrar algunas de las muchas decisiones que tomarás, voy a contarte algunas historias de la vida de una joven de tu edad llamada Megan. Sus decisiones, buenas y no tan buenas, nos darán mucho de qué hablar.

Antes de considerar la vida y las decisiones de Megan, quiero decirte algunas cosas. Algo maravilloso de ser una joven de tu edad es que puedes tomar decisiones propias respecto a tus actitudes, hábitos, amigos, pasatiempos y actividades. Estás en una etapa de la vida fantástica donde puedes pensar, estudiar, orar y hablar con otros, y todo esto te ayudará a tomar las decisiones que Dios quiere que tomes respecto a tu tiempo, tus actitudes y tus actividades.

¡La diversión en la Palabra de Dios!

Mientras empezamos a elaborar una guía para tomar decisiones buenas *de verdad*, ya sabes que la vida está llena de alternativas. Es más, ya tomaste la decisión de comenzar a leer este libro. Mi oración es que cuando lo termines, puedas ver cuán importantes son tus decisiones y cómo afectan tu vida actual, diaria y también tu futuro.

Sí, la vida está llena de decisiones. En este momento, hay mucha gente en tu vida, como tus padres y maestros, que están tomando decisiones en tu lugar. Por ejemplo, no decides adónde vivir, a qué escuela ir, qué estudiar y quizá hasta en qué momento irte a la cama. Sin embargo, ya sea que otros decidan por ti, o que tú tomes tus propias decisiones, es bueno conocer lo que implica tomar decisiones buenas *de verdad*.

Entonces, veamos lo que nos dice la Palabra de Dios, la Biblia, acerca de las decisiones. En cada capítulo, analizaremos versículos bíblicos y responderemos algunas preguntas sobre el importante tema tratado. Nuestro objetivo es permitir que Dios nos enseñe a tomar decisiones importantes *de verdad*. Así que busca tu lápiz o bolígrafo preferido y mantenlo a mano para escribir tus respuestas mientras examinas versículos de la Biblia. Analicemos la palabra D-E-C-I-S-I-O-N-E-S.

Las **decisiones tienen que ver con el corazón.** Hay muchas decisiones que tú y jóvenes como Megan pueden y van a tomar por sí mismas. Son decisiones que tienen que ver con tu corazón, las cuales afectan tus actitudes y tus acciones al final. ¿Qué dicen estos versículos acerca de la actitud de tu corazón?

Sobre toda cosa guardada, guarda tu corazón; porque de él mana la vida (Proverbios 4:23, RV-60).

Mandamiento de Dios:

_____

¿Por qué?

_____

_____

El que es bueno, de la bondad que atesora en el corazón produce el bien; pero el que es malo, de su maldad produce el mal, porque de lo que abunda en el corazón habla la boca (Lucas 6:45).

¿Qué sucede con las cosas que atesoras en tu corazón?

Si las cosas son buenas...

_____

Si las cosas son malas...

_____

Hay muchas decisiones que dependen de ti. ¿Te das cuenta de cuántas tomas por tu cuenta cada día? Ser amable con los demás, sobre todo en casa, es tu decisión. También lo es decidir si quieres o no compartir tus cosas con tus hermanos. Eso me hace pensar en una magnífica decisión que podrías tomar para ayudar a tu hermano a vestirse, encontrar sus zapatos y abrocharse el cinturón de seguridad en el auto. ¿Y qué me dices de la decisión de obedecer a mamá y a papá la *primera* vez que te piden que hagas algo?

La larga lista de decisiones que debes tomar tú misma continúa. Entonces, el problema no es si te «permiten» tomar decisiones. Ya *estás* tomando decisiones, con o sin el aporte o la aprobación de tus padres. ¿No sería genial tener una «guía» que te ayude a saber cómo tomar buenas decisiones? No solo buenas decisiones, sino las mejores. ¡Sigue leyendo!

*T*ener un plan te ayuda a tomar buenas decisiones. Tus decisiones para el día de *hoy* empiezan con los planes que hiciste ayer. Por ejemplo, *hoy* necesitas decidir poner el reloj despertador para que se active *mañana* por la mañana. Y *hoy* tienes que decidir cuándo debes levantarte *mañana*, así puedes poner el reloj para esa hora.

Piensa en lo que pasará mañana. ¿Tienes que entregar un informe escolar? ¿Tu lección de flauta es después de la escuela? ¿Mañana es día de pizza en la escuela o tienes que llevar el almuerzo? ¿Necesitas estudiar para ese importante examen que tienes la semana que viene? No te olvides de preguntarle a mamá qué más sucede mañana, a fin de poderlo añadir a tu plan.

Los proyectos del diligente ciertamente son ventaja
(Proverbios 21:5, LBLA).

¿Qué te enseña esta porción de sabiduría bíblica acerca del valor de hacer planes?

_____

¿Quieres que el futuro sea productivo? ¿Quieres tener éxito en el futuro? ¿Estás cansada de olvidarte de las cosas importantes? Entonces, trabajemos en tu plan para el día de mañana. Haz una lista sobre lo que pasará mañana, de modo que puedas empezar a pensar en las decisiones que necesitas tomar hoy:

_____

_____

_____

Ordena tus decisiones con Dios en mente. Espero que antes de que termines este libro te des cuenta de lo importante que es tener siempre presente lo que Dios quiere que hagas. Él quiere ayudarte a tomar las mejores decisiones. Sigue leyendo para descubrir cómo te ayudará a hacerlo:

Si a alguno de ustedes le falta sabiduría, pídasela a Dios, y él se la dará (Santiago 1:5).

Según este versículo, ¿cuál es la mejor forma de obtener la ayuda de Dios y su dirección respecto a las decisiones que debes tomar?

_____

¿Qué promete Dios cuando le pides sabiduría respecto a tus decisiones?

_____

Cada día tienes la oportunidad de tomar muchísimas decisiones. No te olvides de incluir a Dios en ellas. Cuando debes tomar una decisión, susúrrale a Dios y pide su ayuda: «Dios, ¿qué es lo mejor?». «¿Qué quieres que haga?»

Las **influencias afectan las decisiones.** ¿A qué me refiero con *influencias*? Cuando las decisiones que tomas la afecta algo o alguien, *está influyendo* en ti.

Por ejemplo: ¿Alguna vez quisiste un par de zapatos solo porque tu mejor amiga compró ese mismo par? ¿O miras una serie de televisión solo porque a las otras muchachas de la escuela les resulta genial? Esas son influencias: lo que hacen los demás moldean tus decisiones.

Esto nos lleva a otro hecho acerca de las decisiones. Nunca tomamos decisiones sin influencias. Quizá no te des cuenta, pero otras personas y tus sentimientos influyen de continuo en tu toma de decisiones. Tu familia, tus amigos y hasta tus propios miedos y orgullos tienen una fuerte influencia en lo que decides hacer o no.

Por lo tanto, es importante que tengas personas alrededor que sean una buena influencia. He aquí lo que dice Dios:

No se dejen engañar: «Las malas compañías corrompen las buenas costumbres» (1 Corintios 15:33).

¿Qué sucede cuando estás cerca de las personas inadecuadas?

_____

_____

¿Qué tipo de personas deberías elegir para pasar el tiempo?

_____

_____

_____

Aquí tenemos algo en qué pensar: ¿Influyes en otros para bien o para mal?

*L*as decisiones tienen uno de dos resultados. Estoy segura de que ya sabes algo acerca de las decisiones: siempre tienen consecuencias. Algunas veces esas consecuencias son buenas... ¡y otras veces no son tan buenas! Por ejemplo, si decides gastar toda tu mensualidad en dulces, no tendrás dinero cuando veas una pluma increíble, una pulsera o un equipo de manualidades. No tener suficiente dinero para algo útil y duradero, ¡porque te lo gastaste en algo que comiste!, es consecuencia de tomar una decisión sobre cómo usar el dinero.

Conozcamos a algunas de las mujeres en la Biblia que tomaron una decisión que influye en nosotros hasta hoy. Es probable que ya sepas algo acerca de esta mujer. Eva fue la primera mujer, la primera esposa, la primera madre...

y la primera persona que pecó. El resultado de su pecado es lo que ahora nos referimos como «la caída». He aquí lo que la Biblia dice que sucedió: ¡Ten a mano tu bolígrafo y subráyalo!

Y ordenó el SEÑOR Dios al hombre, diciendo: De todo árbol del huerto podrás comer (Génesis 2:16, LBLA).

¿Qué les dijo Dios a Adán y Eva que podían hacer?

_____

_____

_____

«[...] pero del árbol del conocimiento del bien y del mal no comerás, porque el día que de él comas, ciertamente morirás» (Génesis 2:17, LBLA).

¿Qué les dijo Dios a Adán y Eva que *no* podían hacer?

_____

_____

_____

¿Qué motivo Dios les dio a Adán y Eva?

_____

_____

_____

_____

Cuando la mujer vio que el árbol era bueno para comer, y que era agradable a los ojos, y que el árbol era deseable para alcanzar sabiduría, tomó de su fruto y comió; y dio también a su marido que estaba con ella, y él comió (Génesis 3:6, LBLA).

¿Qué hizo Eva?

_____

_____

_____

¿Por qué lo hizo?

_____

_____

_____

Así que el SEÑOR Dios los expulsó [Adán y Eva] del jardín de Edén y envió a Adán a cultivar la tierra de la cual él había sido formado (Génesis 3:23, NTV).

Anota dos consecuencias de la mala decisión de Eva.

1. _____

_____

2. _____

_____

¡Vaya consecuencias! Por causa de la desobediencia de Eva a las instrucciones específicas de Dios, el pecado entró al mundo perfecto que Él creó. A Adán y Eva los expulsaron del jardín del Edén y los separaron de la presencia de Dios.

*L*as decisiones de todos son diferentes. Por ejemplo, a Janice, la amiga de Megan, le permiten tomar decisiones diferentes a las de Megan. Sus padres trabajan y ella se queda sola en casa durante unas horas. Esto le da más responsabilidades y decisiones que las que tiene Megan. No significa que las decisiones de Janice sean buenas o malas, sino que de seguro son diferentes a las de Megan.

Tengo la seguridad de que muchas jóvenes a las que conoces tienen padres que ven las cosas de manera muy distinta a los tuyos. Aun así, no puedes comparar tu serie de decisiones con la de otras muchachas que conoces. No obstante, sabemos lo que Dios dice acerca de las decisiones que debes tomar cuando se trata de cumplir los deseos de tus padres.

Hijos, obedezcan en el Señor a sus padres, porque esto es justo (Efesios 6:1).

¿A quién quiere Dios que tú obedezcas?

_____

_____

_____

Las decisiones que tomen otras jóvenes no deberían ser importantes para ti. Lo que hagan o no hagan no es tu norma. ¿Por qué? Porque Dios te dio a tus padres para que te guíen. Haz de esto tu principio. Tus decisiones deberían proceder de normas puestas por Dios y de los deseos de tus padres.

Pedir consejo te ayuda a tomar buenas decisiones. A fin de tomar decisiones buenas *de verdad* debes pedir consejo. El libro de Proverbios habla repetidas veces de la insensatez de tomar decisiones sin buscar la ayuda de otros. Por ejemplo:

> *El necio piensa que va por buen camino, pero el sabio presta atención al consejo* (Proverbios 12:15, RVC).

En este versículo, ¿qué palabra se usa para describir a las personas que no piden consejo?

_____

_____

_____

♥ La decisión es tuya ♥

Cada día, e incluso cada minuto, tienes que tomar decisiones. Una de las metas de este libro es que aprendas a considerar las muchas decisiones que *podrías* tomar a fin de considerarlas todas y elegir una; es de esperar que sea una buena *de verdad,* una apropiada.

¿Te asusta? Bueno, te tengo buenas noticias. Muchas veces, Dios te dice con exactitud cuál es la decisión adecuada. Lo hace a través de su Palabra, la Biblia. A veces te lo dice a través de un mandamiento en su Palabra y te dice de plano lo que debes hacer. En los capítulos siguientes, le echaremos un vistazo a algunas de las decisiones que puedes tomar, y debes tomar, ¡y veremos lo que Dios dice al respecto!

▪ Toma decisiones buenas de verdad ▪

En este capítulo analizamos la Palabra de Dios y aprendimos por qué es importante tomar **D-E-C-I-S-I-O-N-E-S** buenas de *verdad*. En esta página, escribe para cada letra un propósito según lo que declaramos en este capítulo. (Voy a ayudarte a empezar con la letra «D»).

D ecisiones: Las decisiones tienen que ver con tu corazón.

E _____

C _____

I _____

S _____

I _____

O _____

N _____

E _____

S _____

Ahora, escribe algo que te gustó, aprendiste o quieres hacer respecto a las decisiones que debes tomar.

_____

_____

_____

_____

_____

Por último, dedica el tiempo para sellar el deseo de tomar decisiones buenas de verdad con las palabras de esta oración:

Querido Padre que estás en el cielo, te doy gracias porque estoy creciendo y puedo tomar mis propias decisiones. ¡Tengo que admitir que me asusta un poco! ¡Ayúdame a recordar que puedo ir a ti para pedirte sabiduría a fin de tomar decisiones buenas de verdad! Amén.

Decide levantarte

Bueno, no era un problema terriblemente grande en su opinión, ni en comparación con otras cosas más serias de la vida. Sin embargo, estaba causando que la vida de Megan girara fuera de control día tras día. En resumen, ¡tenía problemas para levantarse de la cama!

Todo comenzó la noche anterior cuando decidió quedarse despierta después que su madre le dijo que era hora de dormir. A Megan le encantaba leer, y justo fue a la biblioteca a buscar el próximo libro de su nueva serie preferida. Quedarse despierta no fue su intención, pero ahora estaba a punto de tener un despertar muy brusco.

¿Puedes imaginarte la escena... y el ruido? Estaba dormida como un tronco. ¡Noqueada por completo! Entonces, un ruido terrible. A Megan le costó un poco darse cuenta de qué era ese ruido; se trataba de su madre hablándole en un tono de voz lo bastante alto como para percatarse de que estaba en problemas.

¡La diversión en la Palabra de Dios!

Sin duda, Megan hubiera deseado haber tomado una mejor decisión respecto a irse a dormir. Al avanzar en este libro sobre tu vida y tus decisiones, verás que esta única y singular decisión, levantarte a tiempo, te guiará el resto de cada día. Ahora ves cómo la decisión # 1 (levantarse) afecta a la decisión # 2... y # 3... y # 4. Decisiones como levantarte o no levantarte generan consecuencias que afectan los acontecimientos que seguirán en tu día.

Es hora de volver a mirar la Palabra de Dios, la Biblia, y encontrar lo que dice Dios acerca de irse a dormir... y despertarse. Ve a buscar un bonito bolígrafo y escribe tus respuestas mientras buscamos algunos versículos en la Biblia. Analicemos la palabra L-E-V-A-N-T-A-R-S-E.

*L*a Palabra de Dios habla acerca de ser perezoso. La Biblia dice mucho acerca de una persona que es perezosa al llamarla «holgazán», o alguien que tiene el mal hábito de no querer salir de la cama, de ser lento o de querer tontear todo el día. Un holgazán es aquel que detesta levantarse para ir a trabajar. También es el que se mueve con lentitud por ser perezoso, como una babosa gigante se mueve poco a poco a lo largo de la carretera o la acera. Lee Proverbios 6:9-11 y escribe las dos preguntas que se formulan en los dos versículos.

Pero tú, holgazán, ¿hasta cuándo seguirás durmiendo? ¿Cuándo despertarás? Un rato más de sueño, una breve siesta, un pequeño descanso cruzado de brazos. Entonces la pobreza te asaltará como un bandido (Proverbios 6:9-11, NTV).

Primera pregunta:

_____

_____

Segunda pregunta:

_____

_____

_____

¿Qué le pasa a un holgazán que quiere dormir?

_____

_____

_____

_____

El holgazán ni siquiera se da cuenta de que está en problemas, y su ruina viene sobre él como _____

_____.

He aquí otro versículo acerca de los holgazanes:

La puerta gira sobre sus bisagras, y el perezoso gira sobre la cama (Proverbios 26:14, RVC).

¿De qué manera el perezoso es semejante a una puerta que gira sobre sus bisagras, como describe este versículo?

_____

_____

_____

_____

valúa las ventajas de levantarte. ¿Sabes lo que significa la palabra evaluar? Significa mirar algo bien de cerca. Echemos un vistazo a algunos de los personajes de la Biblia para ver cómo respondieron a un nuevo día. Al avanzar en esta sección, siéntete libre para subrayar e interactuar con estos versículos. ¡Estas personas tienen un mensaje importante para ti! Adelante, anota lo que quieras al margen.

La mujer ejemplar de Proverbios 31: Si lees Proverbios 31:10-31, quizá te recuerde a tu mamá, ¡lo cual es algo bueno! Estos versículos componen un poema hebreo, y cada uno resalta una cualidad de carácter. ¿Adivina qué hábito se describe en Proverbios 31, versículo 15?

Se levanta de madrugada, da de comer a su familia y asigna tareas a sus criadas.

¿Cuándo se levanta esta señora?

_____

_____

¿Cuál es uno de los motivos por los que se levanta?

_____

_____

Esta mujer era esposa y madre, como tu mamá. Para satisfacer las prioridades de Dios para ella, cuidar de su familia, tenía que levantarse y salir muy temprano. Vivir su vida como Dios quería era lo bastante importante para empezar el día, ¡y eso es cierto para ti también! Dios tiene importantes cosas para que hagas todos los días. ¿Qué te enseña esta madre acerca de cada nuevo día en tu vida?

_____

_____

_____

Las mujeres que fueron a la tumba. Este grupo fiel de mujeres también es un ejemplo a seguir. Amaban a Jesús. Mientras moría en la cruz, estuvieron a su lado hasta el final. Luego, siguieron a los que cargaban el cuerpo de su Salvador para ver dónde lo enterraban. Una vez que llegaron a su hogar, prepararon especias para poner sobre el cuerpo de Jesús a fin de que le sepultaran como era debido. Sigue leyendo para enterarte de lo que pasó cuando finalizó el día de reposo.

[...] muy de mañana, las mujeres fueron al sepulcro, llevando las especias aromáticas que habían preparado (Lucas 24:1).

¿Qué hicieron las mujeres?

_____

_____

_____

¿Cuándo sucedió esto?

_____

_____

¿Crees que estas mujeres estaban cansadas? ¿Piensas que fue horrible ver a Jesús mientras sufría brutalmente y moría en agonía en la cruz? Así y todo, continuaron con su misión de ocuparse del cuerpo de Jesús y su sepultura. ¿Qué hubiera pasado si se hubieran quedado remoloneando en la cama durante aquella importantísima mañana cuando debían servir al Señor? ¿Qué hubiera pasado si hubieran puesto excusas? ¿Qué hubiera pasado si hubieran estado demasiado cansadas? ¿Qué hubiera pasado si se hubieran quedado dormidas?

Haz un alto aquí y escribe algunas palabras sobre por qué es importante levantarte por la mañana.

_____

_____

_____

Jesús: Jesús nos enseña acerca de un importante hábito en su vida.

Muy de madrugada, cuando todavía estaba oscuro, Jesús se levantó, salió de la casa y se fue a un lugar solitario, donde se puso a orar (Marcos 1:35).

¿Cuál era la meta de Jesús en este versículo?

_____

_____

_____

¿Dónde hacía esto?

_____

_____

¿Cuándo lo hacía?

_____

_____

Lo primero que hacía Jesús en la mañana era hablar con su Padre celestial. Oraba a Dios. Recibía fuerza diaria para hacer la voluntad de Dios durante otro día más. Se equipaba para enfrentar y lidiar con todo tipo de tentación, en especial la tentación de darle la espalda a la cruz.

Jóvenes que se levantan. Qué jovencita no sueña con ser gimnasta? ¿Has visto a las gimnastas o las competencias de nado durante las últimas olimpiadas? Muchas de esas muchachas eran jóvenes, solo algunos años mayores que tú. Para llegar a las olimpiadas, tuvieron que levantarse temprano antes de ir a la escuela para entrenar en el gimnasio y en la piscina hasta convertirse en algunas de las mejores atletas del mundo.

¿Qué me dices de las que tienen animales? La hija de una amiga tiene un caballo. Se levanta muy temprano, mientras todavía está oscuro, para alimentar y peinar a su caballo antes de ir a la escuela. Mi sobrina estuvo en un equipo de patinaje sobre hielo. ¿Te imaginas a qué hora de la mañana tenía que estar en la pista de hielo? Todos los días de la semana a las cinco de la mañana. Después se iba para la escuela.

Si quieres ser buena en cualquier deporte, tocar un instrumento o hacer cualquier otra cosa, comienza por levantarte temprano en la mañana. ¿Qué te apasiona? ¿Qué es lo que más te encanta hacer? ¿Qué te gusta hacer pero nunca encuentras el tiempo para hacerlo? Tómate un minuto para escribir una o dos respuestas, uno o dos sueños. Luego, cuenta cómo levantarte puede ayudarte a satisfacer tus deseos.

_____

_____

_____

_____

_____

valúa la importancia de levantarte. ¿Estás buscando un buen día en el que tengas tiempo no solo para lo necesario, sino también para lo que te divierte? Entonces, hay una decisión *muy sencilla*, aunque también *muy difícil* que debes tomar cada día. Es más, se trata de la primera decisión, y una buena *de verdad*, que debes tomar todos los días aunque no te des cuenta. Esa decisión es: ¿te levantarás cuando debes... o no?

¿Qué dice este versículo acerca de hacer lo bueno?

Todo debe hacerse de una manera apropiada y con orden (1 Corintios 14:40).

_____

_____

Cuando no te levantas de la cama cuando debes, a fin de tenerlo todo listo de manera ordenada, las cosas sufrirán el resto del día. Es increíble cómo esa primera decisión influye en todo lo demás.

Proponte levantarte. A medida que piensas vivir tu vida a la manera de Dios, permite que las siguientes decisiones pavimenten el camino para una mejor mañana. Este ejercicio va a ayudarte a seguir hasta el final en tu primer paso hacia una mejor vida: ¡levantarte de la cama!

Primer paso: Decide junto con tus padres cuándo deberías levantarte. Sí, tus padres se preguntarán si te encuentras bien cuando les pidas ayuda, pero hazlo de todos modos. ¿Cuándo es un buen momento para hablar con ellos de esto?

_____

_____

Segundo paso: Determina cuándo necesitas levantarte para hacer que tu día vaya de la manera que quieres. El mejor momento para levantarme es

_____.

Tercer paso: Programa tu despertador... con el volumen bien *alto*. ¡Que moleste bastante!

Cuarto paso: Ve a la cama con el tiempo necesario para descansar lo suficiente *antes* de la hora de levantarte. (¡No se permiten los maratones de lectura toda la noche!)

Quinto paso: Ora. Pídele ayuda a Dios para levantarte a la hora adecuada. Cuéntale tus planes, compromisos y sueños para mañana. Adelante. ¡A Él le importa!

Sexto paso: Proponte levantarte... sea como sea. No te rindas a la tentación de pulsar la función de repetición o apagar el despertador para dormir un poco más solo por una vez. No te preocupes por no dormir lo suficiente ese día. ¡Solo es *una* mañana!

Séptimo paso: Alaba a Dios cuando escuches el despertador. Lee debajo el Salmo 118:24 (NTV), después escribe lo que exclama el salmista para el nuevo día y haz que ese sea tu propio clamor también.

Este es el día que hizo el SEÑOR; nos gozaremos y alegraremos en él.

_____

_____

_____

_____

_____

♥ La decisión es tuya ♥

Me gusta hacer las cosas en pequeños pasos. Así es mucho más fácil. Y hace que el éxito sea más alcanzable. Así que en vez de decir: «Decidiré levantarme a tiempo o temprano todos los días por el resto de mi vida», trato de levantarme a tiempo cada día. Verás, lo que llegaste a ser hoy se debe a todo un proceso. Y lo que eres hoy es lo que serás en el futuro... nada cambia.

Cada decisión que repitas, ya sea buena o mala, crea quien eres en verdad. Cada decisión tomada una y otra vez, ya sea buena o mala, se convierte en un hábito. Y tu meta (como la mía) es tomar las decisiones buenas de verdad una y otra vez hasta que se conviertan en buenos hábitos, hábitos piadosos.

Amiga mía, tu vida es un regalo precioso de Dios. Más allá del regalo en sí, Él también tiene planes increíbles para ti. Nada es peor que una vida que no sirve para nada. Dios te da todas las oportunidades del mundo para que te distingas, para ayudar a otros y para honrarlo.

Cada mañana, cuando el sonido del despertador interrumpe tu sueño, debes saber que es en ese momento y lugar donde quizá tomes la decisión más importante del día. La cosa es así. Si te levantas, tienes control de ti misma y de tu día. (¡Al menos controlas cómo empieza!)

¿Por qué puedo decir esto? Porque desde el primer minuto tomas las decisiones. Por decirlo de alguna manera, estás en el asiento del conductor de tu día cuando tomas la decisión de levantarte. Al menos empiezas por el buen camino. ¡Y qué día tan maravilloso será!

▰ Toma decisiones buenas de verdad ▰

En este capítulo analizamos la Palabra de Dios y aprendimos lo importante que es **L-E-V-A-N-T-A-R-S-E**. En esta página, escribe para cada letra un propósito según lo que declaramos en este capítulo. (Voy a ayudarte a empezar con la letra «L»).

$\mathcal{L}$a Palabra de Dios habla acerca de ser perezoso.

$\mathcal{E}$ _____

$\mathcal{V}$ _____

$\mathcal{a}$ _____

$\mathcal{n}$ _____

$\mathcal{T}$ _____

$\mathcal{a}$ _____

$\mathcal{R}$ _____

$\mathcal{S}$ _____

$\mathcal{E}$ _____

Ahora, escribe algo que te gustó, aprendiste o quieres hacer respecto a levantarte.

_____

_____

_____

_____

_____

_____

Por último, dedica el tiempo para sellar el deseo de tomar decisiones buenas *de verdad* con las palabras de esta oración:

Querido Jesús, deseo muchas cosas en esta vida. En especial, quiero agradarte. Por favor, ayúdame a ver la importancia de levantarme a tiempo solo por un día. Luego, con más ayuda tuya, me levantaré a tiempo la próxima semana, ¡y la siguiente! Amén.

Decide leer
la Biblia

ientras Megan se restriega los ojos, se repite:
«¡Piensa rápido!». Sin embargo, es demasiado
tarde. Su madre irrumpe en su cuarto con
una mirada muy irritada y le pregunta:

—¿Por qué no te has levantado y vestido? ¡Tienes que ir
a la escuela hoy!

—Algo le debe haber pasado a mi reloj despertador
—responde Megan con una nueva idea en mente y sin pen-
sarlo—. No se activó.

(Claro, culpemos al reloj despertador).

—Sabes, mamá, deberías comprarme uno nuevo.

»¿Por qué no me levantaste mamá? —aboga Megan en
su argumento final—. ¡Sabías que tengo un día importante
en la escuela!

Con esta última ronda llena de culpa, la madre de
Megan levanta sus manos expresando exasperación y sale
del cuarto. Antes de salir, la mira y le dice:

—¡Apúrate para que tomes el desayuno antes de que sea
muy tarde!

Mientras Megan se levanta tambaleando, se da cuenta
de que su Biblia está apoyada en la mesa de noche junto

con el estudio que están dando en la Escuela Dominical. «¡Ay, no! No terminé la lección de hoy». Megan deja escapar un suspiro. «Qué importa, no es para tanto. Ahora tengo que ocuparme de asuntos más importantes. Llego tarde a la escuela. Tal vez pueda terminar la lección durante el receso del almuerzo».

¡La diversión en la Palabra de Dios!

¿Recuerdas la primera decisión en la que se empieza bien el día? Si todavía no lo sabes, vuelve al segundo capítulo y escribe el título aquí:

_____

Cada mañana, cuando tu sueño se interrumpe como lo fue el de Megan, debes saber que es en ese momento y lugar en el que quizá tomes la decisión *más* importante del día. La cosa es así. Si te levantas, tienes control de ti misma y de tu día. (Bueno, ¡al menos controlas cómo empieza! Tienes que darle lugar a los planes de Dios, las interrupciones y hasta las crisis).

Es hora de tomar otra decisión: la segunda decisión que es pasar tiempo con Dios, tener un tiempo devocional. Aquí es cuando Dios te habla a través de su Palabra y te da a conocer el plan para tu día. Esta decisión de encontrarte con Dios preparará el camino para lo que resta del día, de tu voz, de tus palabras, de tus acciones, de tus actitudes y de la manera en que tratas a las personas, empezando por casa. Así que una vez que te levantas, debes decidir que Dios sea tu prioridad número uno. Debes optar por poner primero lo primero. Debes decidir encontrarte con Él antes de empezar el día.

Es hora de mirar de nuevo la Palabra de Dios y encontrar lo que dice Él en cuanto a la decisión de leer la Biblia. Con tu bolígrafo preferido, escribe las respuestas mientras analizamos algunos versículos. Analicemos la palabra **B-I-B-L-I A**.

La lectura de la Biblia es imprescindible. Una *prioridad* es algo importante, algo que pones al inicio de tu lista de cosas para hacer cada día. ¿Por qué debe ser una prioridad la lectura de la Biblia? Porque allí es donde aprendes más acerca de Dios, quien *debería* ser tu prioridad número uno, ¿verdad? Un lugar perfecto para empezar a aprender acerca de Dios es Génesis 1:1 (NTV).

En el principio, Dios creó los cielos y la tierra.

Este es el primer versículo de la Biblia. ¿Qué te dice acerca de Dios?

_____

_____

Después que te levantas de la cama, debes tomar la buena decisión de pasar un tiempo con la Biblia. Es la clave para aprender acerca del Dios que te creó a ti y a todo lo que te rodea.

Las respuestas importantes vienen de la Biblia. Estoy segura de que a tu edad, estás empezando a tener muchas preguntas acerca de tu vida. Lee las preguntas debajo y marca las que te gustaría tener respondidas.

_____ ¿Estás pensando en tu futuro?

_____ ¿Estás buscando algunos buenos amigos?

_____ ¿Estás cansada de hacer las cosas mal?

_____ ¿Te gustaría llevarte mejor con tus padres?

Bueno, tengo excelentes noticias para ti. Pasar tiempo con la Palabra de Dios te ayudará a tener éxito en cada una de estas cosas y muchas más. Puedes aprender esto mirando a un hombre en la Biblia llamado Josué. Fue el hombre que sustituyó a Moisés cuando murió, y se convirtió en el general del ejército de Dios.

Como todo líder y general, y cada seguidor de Dios, Josué se preguntaba si tendría éxito en cumplir con el propósito de Dios. La tarea de Dios para Josué era ganar la batalla para llegar a la tierra que Él le prometió a su pueblo.

Por supuesto, la tarea que Dios tiene para ti es diferente, pero como Josué, debes desear tener éxito cuando llevas adelante el plan de Dios. Lee este versículo y escribe lo que Él le encargó a Josué para garantizar su éxito.

Pon mucho cuidado y actúa de acuerdo con las leyes [la Biblia] *que te dio mi siervo Moisés* [...] *y así tendrás éxito en todo lo que emprendas* (Josué 1:7, RVC).

_____

_____

_____

Ahora lee el versículo siguiente y escribe las dos cosas que Dios le dijo a Josué que hiciera para asegurarle que tendría éxito a los ojos de Dios.

Procura que nunca se aparte de tus labios este libro de la ley. Medita en él de día y de noche [...] Así harás que prospere tu camino, y todo te saldrá bien (Josué 1:8, RVC).

1. _____

   _____

2. _____

   _____

Dios quiere bendecirte y ayudarte a tener éxito. ¿Te preguntas qué puedes hacer para ayudar a lograr este éxito? He aquí algunos de los pasos que puedes dar cada día, pasos que te ayudarán a decidir que Dios sea tu prioridad, tu prioridad número uno.

Primer paso: Lee la Biblia. Podría decir. «¡Solo léela!». Comienza por donde quieras. ¡Hasta podrías empezar leyendo Josué! La única manera de leer mal la Biblia es no leerla en absoluto.

Segundo paso: Estudia la Biblia. Pídeles ayuda a tus padres o líderes de jóvenes para encontrar alguna manera sencilla de conocerla mejor.

Tercer paso: Escucha las enseñanzas de la Biblia. Asegúrate de ir a las reuniones de jóvenes y a la iglesia para escuchar la enseñanza y la explicación de la Palabra de Dios, así puedes entenderla. Y, por supuesto, ¡decide hacer lo que dice!

Cuarto paso: Memoriza versículos de la Biblia. Dios le dijo a Josué que meditara en ella. Eso significa pensar mucho en la Palabra de Dios y memorizarla, así siempre está en tu corazón.

Quinto paso: Decide pasar tiempo en la Palabra de Dios. Ya sabes la importancia de comer. Bueno, necesitas saber que la comida espiritual que te da la Biblia es más importante que comer comida verdadera. Como manifestó Job: *He atesorado sus palabras [de Dios] más que la comida diaria* (Job 23:12, NTV).

Las verdades de la Biblia te encaminan. ¿Te has perdido alguna vez por un momento en un centro comercial o en una tienda grande? Mirabas a tu alrededor y no podías ver a tu mamá, papá, hermana mayor o hermano. Estar perdido es una experiencia que da miedo. ¿No sería lindo saber siempre adónde vas y no perderte nunca? ¿Cómo describe este versículo a la Biblia?

Tu palabra [la Biblia] *es una lámpara que guía mis pies y una luz para mi camino* (Salmo 119:105, NTV).

1. La Biblia es _____

_____

_____

2. La Biblia es _____

_____

La Biblia es como una linterna que te revela el camino de la vida que *deberías* tomar: el que Dios quiere que tomes. Sin esa luz, podrías tropezar con facilidad y caer, o tomar el camino espiritual equivocado.

Al leer el siguiente versículo, ¿cuál es una meta muy importante que deberías tener para tu vida?

¿Cómo puede un joven mantenerse puro? (Salmo 119:9, NTV).

_____

_____

Ahora lee la segunda parte del Salmo 119:9 (NTV). Aquí Dios te da la respuesta a la pregunta anterior. ¡No te olvides de escribir la respuesta!

Obedeciendo tu palabra [la Biblia].

_____

_____

¿Estás preparada para otro versículo genial acerca de Dios y su Palabra? ¡Sigue leyendo!

Toda la Escritura [la Biblia] *es inspirada por Dios y útil para enseñar, para reprender, para corregir y para instruir en la justicia* (2 Timoteo 3:16).

¿Cuáles son las dos verdades que aprendes acerca de la Biblia?

1. La Biblia es _____

_____

2. La Biblia es _____

_____

Vuelve a leer el versículo anterior, 2 Timoteo 3:16. Después, rellena los siguientes espacios en blanco para hacer una lista con las cuatro cosas que la Biblia puede hacer en ti mientras la lees:

1. La Biblia hará _____ en mí.

2. La Biblia hará _____ en mí.

3. La Biblia hará _____ en mí.

4. La Biblia hará _____ en mí.

¿Cuál es la más importante para ti? Circúlala como un recordatorio para hacer algo que te ayude a crecer en este aspecto.

Los cambios en la vida vienen de la Biblia. No te gustaría ser preadolescente para siempre, ¿verdad? No ves la hora de ser adolescente. He aquí la buena noticia: ¡Puedes comenzar a hacer cambios para prepararte para ese momento *hoy mismo!*

Lee los dos versículos siguientes para entender cómo encontrarte con Dios en la Biblia te prepara para el día, ¡y para tu vida! Encierra en un círculo cada palabra que describe la Palabra de Dios. Después, subraya el efecto que causa en quienes la leen. Te guiaré mediante el primer ejemplo. Luego, puedes hacerlo tú misma con los otros versículos.

Salmo 19:7: *La ley del SEÑOR es (perfecta:) infunde nuevo aliento*.

¡Ahora inténtalo tú!

El mandato del SEÑOR es digno de confianza: da sabiduría al sencillo.

Salmo 19:8: *Los preceptos del SEÑOR son rectos: traen alegría al corazón.*

El mandamiento del SEÑOR es claro: da luz a los ojos.

Lee a continuación el Salmo 19:10 y escribe lo valiosa que debería ser la enseñanza de la Biblia.

Son más deseables que el oro, más que mucho oro refinado; son más dulces que la miel, la miel que destila del panal.

_____

_____

_____

_____

*L*a vida eterna se encuentra en la Biblia. ¿Alguna vez has leído algo acerca de las aventuras de Ponce de León? Era un explorador que fue a buscar lo que se llamaba la Fuente de la Juventud. Pensó que si podía encontrar esta fuente especial y tomar un poco de su agua, le daría juventud eterna, vida eterna. Sería joven para siempre, y viviría por siempre.

Es probable que tú no quieras pensar en permanecer joven para siempre. Sin embargo, tal vez te guste vivir para siempre, ¿verdad? La Biblia nos dice cómo es posible, de qué manera puedes vivir para siempre con Jesús en el cielo.

Hubo un joven en la Biblia que quería saber cómo vivir para siempre con Jesús. Se llamaba Timoteo. Lee 2 Timoteo 3:15:

> *Las Sagradas Escrituras* [la Biblia] *[...] pueden darte la sabiduría necesaria para la salvación mediante la fe en Cristo Jesús.*

¿Qué libro le dio a Timoteo la sabiduría que necesitaba para la salvación, para una relación con Jesús que durara para siempre?

_____

_____

Según este versículo, ¿cómo recibimos salvación?

_____

_____

¿Quieres vivir con Jesús en el cielo y tener vida eterna? ¡Yo creo que sí! Dios quiere darte vida eterna, solo hay un problema. Necesitas ser perfecta, sin pecado.

Ya sabes que no siempre tomas buenas decisiones, lo que te lleva a hacer las cosas mal. Por eso es que necesitas a un Salvador.

Jesús es perfecto. Él es Dios. No tiene pecado. Vino a la Tierra a morir por tus pecados y a ser tu Salvador. Gracias a Jesús, tus pecados pueden ser perdonados y puedes ir al cielo.

Toma la decisión de creer las verdades acerca de Jesús, el Hijo de Dios. Después, pídele a Dios que abra tu corazón para que puedas creer en Él.

💜 La decisión es tuya 💜

A veces, quizá pienses que estás demasiado ocupada para pasar tiempo con Dios. ¡Tienes personas que ver, lugares donde ir y cosas por hacer! Aun así, créeme, ¡vale la pena hacer el tiempo para estar con Dios todos los días! La Biblia es un libro especial. En realidad, es el libro mejor escrito en la historia. Es el libro que puede mostrarte el buen camino a fin de vivir para Dios cada día y encaminarte a la vida eterna.

Si eres cristiana, si crees en Jesús y lo recibiste en tu corazón como tu Salvador, tienes vida eterna. Como cristiana, tienes el espíritu de Dios dentro de ti, el Espíritu Santo. Él te guiará a través de la lectura de la Palabra de Dios. Por eso es muy importante que decidas pasar tiempo leyendo la Biblia. Cuando la leas, pensarás de manera diferente. Vivirás de manera diferente. Crecerás en lo espiritual. Y serás bendecida.

¿Crees que estas bendiciones valen la pena como para tomar la decisión de levantarse todos los días algunos minutos antes para leer la Palabra de Dios y buscar su dirección y ayuda para el resto del día? A través de la Biblia, Dios te dirá las decisiones buenas *de verdad* que debes tomar. Te mostrará cómo vivir tu vida a su manera.

Toma decisiones buenas de verdad

En este capítulo analizamos la Palabra de Dios y aprendimos lo importante que es leer tu **B-I-B-L-I-A**. En esta página, escribe para cada letra un propósito según lo que declaramos en este capítulo. (Voy a ayudarte a empezar con la letra «B»).

Biblia: Su lectura es imprescindible.

I _____

B _____

L _____

I _____

A _____

Ahora, escribe algo que te gustó, aprendiste o quieres hacer respecto a levantarte y estudiar la Palabra de Dios, la Biblia.

_____

_____

_____

_____

_____

Por último, dedica el tiempo para sellar el deseo de tomar decisiones buenas de verdad con las palabras de esta oración:

Padre, escucha mi oración. Gracias porque tu Palabra me dice cómo vivir mi vida y cómo tomar decisiones buenas de verdad. Gracias sobre todo porque la Biblia me muestra a tu Hijo y cómo quiere que viva para Él aquí en la Tierra y con Él para siempre en el cielo. ¡Gracias! Amén.

4

Decide orar

«¡**N**o, no, no, no, no! ¡No puedo creer que haya hecho esto! ¿En qué estaba pensando cuando firmé la tarjeta de "Mi compromiso para orar" en la clase de la señorita Julie de la Escuela Dominical?», dijo Megan entre dientes. «Todo en mi vida está de maravilla. ¿Por qué necesito orar? ¿Por quién... y por qué cosa? ¿Misioneros que no conozco? ¿Gente enferma? Seguro, mi familia es importante, pero pppor favor, ni siquiera me digas que ore por Bret y Heather. Aunque sean mis hermanos, ¡son intolerables! Qué pérdida de tiempo».

La lista de excusas de Megan crece cada vez más mientras se aferra a su cama con una decisión por tomar. Ya se le está haciendo tarde. Y ahí está parada, tratando de justificar por qué sigue fallando de manera tan lamentable en cumplir su compromiso de orar todos los días esta semana.

Al volver la vista atrás, Megan admite que en realidad nunca quiso aceptar este compromiso, pero las muchachas de su Escuela Dominical lo hicieron. A ellas les fascinó el desafío que les presentó su maestra de orar todos los días durante una semana. La señorita Julie estaba enseñando acerca de la oración y quiso que las muchachas pusieran en práctica lo que aprendían al comprometerse a orar.

«Ah, bueno, está bien. Aquí va: "Dios, bendice hoy a los misioneros y a mi familia, incluso a Bret y Heather (¡uf!)... Amén"».

¡La diversión en la Palabra de Dios!

Pobre Megan. Tiene mucho que aprender acerca de la oración, la cual es solo hablar con Dios. No conocía la Palabra de Dios lo suficiente como para darse cuenta de su poder y de las muchas promesas que Él le hizo a su pueblo. Megan debe descubrir la verdad de que Dios escucha y responde las oraciones, incluso a las suyas.

¿Alguna de estas cosas te parece conocida? Al igual que Megan, ¿piensas que la oración carece de importancia, por lo que no estás demasiado entusiasmada con darle una oportunidad? ¿O, de nuevo como nuestra chica Megan, piensas que no tienes tiempo para orar o que la oración es una pérdida de tiempo?

Bueno, un rápido vistazo a la Palabra de Dios, la Biblia, te mostrará lo que Dios dice acerca de hablar con Él a través de la oración. ¿Tienes a mano tu bolígrafo? Si no, es hora de ir a buscarlo, así puedes escribir tus respuestas mientras miramos algunos versículos bíblicos clave. Analicemos la palabra **O-R-A-C-I-Ó-N.**

Orar es hablar con Dios. No tienes problema de hablar con tus amigos, ¿verdad? Incluso en la reunión del domingo y la Escuela Dominical te es difícil dejar de hablar.

Megan y su mejor amiga, Ginny, podían hablar durante horas acerca de manualidades, fútbol o las últimas noticias del libro que leían (¡aún lo hacen!). Sin embargo ¿hablar con alguien fuera de su círculo? ¡De ninguna manera! Lo mismo pasa cuando se trata de Dios. Cuando tu relación con Dios no es muy cercana, te costará más hablar con Él. No sabrás qué decir, ni te sentirás cómoda ni muy cerca en su Presencia. ¿Cuál es la solución? Para ver lo que dicen estos versículos acerca de lo que necesitas hacer para acercarte más a Dios, sigue leyendo.

Acerquémonos, pues, a Dios con corazón sincero (Hebreos 10:22).

¿Qué es lo que tú debes hacer?

_____

¿Cuál debe ser la actitud de tu corazón cuando oras?

_____

Acérquense a Dios, y él se acercará a ustedes (Santiago 4:8).

¿Cuál es tu papel en la oración?

_____

_____

¿Cuál es la respuesta de Dios?

_____

_____

Asegúrate de darte cuenta que estos versículos te dicen que tu responsabilidad es acercarte a Dios. Si sientes a Dios como a un extraño, recuerda que eres tú la que te has alejado de Él. Dios no se alejó de tu lado.

Prueba con este ejercicio durante una semana. Habla con Dios cada día. «Acércate» a Él. Da un paso adelante y logra llegar a Él a través de la oración. Luego, usa tu bolígrafo o lápiz para colorear las siguientes casillas. Habla con Dios acerca de tus preocupaciones, preguntas y problemas. Te alegrarás de hacerlo. Por supuesto, ¡querrás seguir haciéndolo día tras día!

Hoy hablé con Dios						
Lunes	Martes	Miércoles	Jueves	Viernes	Sábado	Domingo

Date cuenta que tienes que orar con un corazón de fe. A muchos cristianos les resulta difícil creer en el poder de la oración. Ese fue el problema de Megan. Y como ella, también decimos: «De todos modos, ¿qué importancia tiene la oración?». Pensamos estas cosas porque desconocemos las promesas maravillosas que Dios nos hizo acerca de la oración y de responder a nuestras oraciones. Terminamos pensando que la oración carece de importancia. Entonces... no oramos.

La Biblia tiene mucho que decir acerca de cómo debes orar. Sigue leyendo y escribe algunas respuestas. Aprende todo lo que puedas acerca de la oración y de hablar las cosas con Dios.

Acerquémonos confiadamente al trono de la gracia para recibir misericordia y hallar la gracia que nos ayude en el momento que más la necesitemos (Hebreos 4:16).

¿Cuál es tu tarea en la oración?

_____

_____

_____

¿Qué te da Dios cuando oras?

_____

_____

_____

Crean que ya han recibido todo lo que estén pidiendo en oración, y lo obtendrán (Marcos 11:24).

¿Cuál es tu tarea o parte en la oración?

1. _____

_____

2. _____

_____

¿Qué dice el versículo anterior que sucede como resultado?

_____

_____

Piénsalo: ¿Significa que puedes pedir y obtener lo que quieras, como una bicicleta nueva, un equipo de manualidades o un juego electrónico? Para ayudarte con la respuesta, mira el versículo siguiente:

Cuando piden algo, no lo reciben porque lo piden con malas intenciones, para gastarlo en sus propios placeres (Santiago 4:3, RVC).

¿Cuál es un motivo importante por el cual no siempre recibes lo que le pides a Dios? Subraya tu respuesta en el versículo anterior.

*G*arantías y promesas acerca de la oración. Es un hecho: A menudo, no tenemos ni idea de cómo orar. Y no entendemos cómo la oración nos ayuda a tomar decisiones buenas de verdad. Tal vez se deba a que no pensamos en lo mucho que nos ama Dios. No somos conscientes de que Él tiene el poder de guiarnos y mejorar nuestras vidas.

Ahora lee con detenimiento los siguientes versículos de la Biblia y escribe lo que Dios te promete cuando oras:

Pidan, y se les dará; busquen, y encontrarán; llamen, y se les abrirá (Mateo 7:7).

Marca con un círculo cada una de las tres palabras que te dicen lo que debes hacer cuando oras. ¡No te olvides de fijarte en todo lo que hará Dios!

Clama a mí y te responderé, y te daré a conocer cosas grandes y ocultas que tú no sabes (Jeremías 33:3).

¿Qué es lo que *tú* tienes que hacer?

_____

¿Qué te promete Dios?

_____

_____

_____

Si a alguno de ustedes le falta sabiduría, pídasela a Dios, y él se la dará (Santiago 1:5).

Lo que Dios me promete es

_____

_____

$\mathcal{D}$ebes confesar tus pecados antes de orar. He aquí otra razón importante por la que tú y muchas otras personas no oran: Porque sabes que hiciste algo malo. Sabes en tu corazón que debes decírselo a Dios. Sabes que necesitas confesarlo, acordar con Él que lo que hiciste estuvo mal. Sin embargo, ¡eso te da un poco de miedo! Dale un vistazo a algunos versículos que hablan acerca de la confesión de pecados.

Si observo iniquidad [pecado] en mi corazón, el Señor no me escuchará (Salmo 66:18, LBLA).

¿Qué sucede cuando pecas y no se lo confiesas a Dios?

_____

_____

_____

Si confesamos nuestros pecados, Dios, que es fiel y justo, nos los perdonará y nos limpiará de toda maldad (1 Juan 1:9).

¿Qué sucede cuando confiesas tu pecado y lo reconoces ante Dios?

_____

_____

Existe un buen ejercicio para que te ocupes de tus pecados y fracasos: Toma la decisión de no tener cosas pendientes con Dios. Esto significa que te haces cargo del pecado al instante, en el momento en que ocurre, allí mismo, en el mismo minuto en que metes la pata y te equivocas. Di: «Señor, perdóname por_____. Eso estuvo mal. Gracias por perdonarme en Jesús».

ejemplos de personas que oraron. La oración es una parte importante en la vida de cada cristiano. La Biblia está llena de personas que tomaron la decisión buena *de verdad* de orar respecto a sus decisiones. Mira lo que puedes aprender acerca de la diferencia que marcó la oración en la vida de estas personas. Además, presta atención a lo que hablaron con Dios.

Ana: Esta era una mujer con un gran problema. No podía tener un bebé, a pesar de que lo deseaba desesperadamente. Ese era el primer problema de Ana. Sin embargo, tenía otro.

Penina, su rival, solía atormentarla [a Ana] para que se enojara [...] Cada año, cuando iban a la casa del SEÑOR, sucedía lo mismo (1 Samuel 1:6-7).

¿Cuál era el segundo problema de Ana?

_____

_____

_____

Muy angustiada, oraba al SEÑOR [...] y dijo: [...] hasta ahora he orado a causa de mi gran congoja y aflicción (1 Samuel 1:10 y 16, LBLA).

¿Cuál fue la solución de Ana a sus problemas?

_____

_____

_____

_____

Los problemas, los intimidadores y las chicas malas son un hecho de la vida. Aun así, el hábito de orarle a Dios acerca de tus problemas y decirle todo al respecto te ayudará a superarlos.

María: Esta fue otra mujer que oró. ¡Alababa a Dios en oración! María tenía unos catorce años de edad cuando hizo una oración admirable de adoración a Dios porque Jesús al fin haría su aparición en la Tierra, ¡y ella sería su madre! A esta oración de alabanza en Lucas 1:46-55 se le conoce a menudo como el «cántico de María». En los versículos siguientes, subraya por qué alabó a Dios.

Mi alma glorifica al Señor, y mi espíritu se regocija en Dios mi Salvador [...] porque el Poderoso ha hecho grandes cosas por mí. ¡Santo es su nombre! De generación en generación se extiende su misericordia a los que le temen (versículos 46-50).

Ahora, pon una señal en el espacio en blanco una vez que ofrezcas tu propia alabanza a Dios.

¿Dios es tu Salvador? Entonces, alábalo. _____

¿Dios ha hecho grandes cosas por ti? Entonces, recuerda algunas y alábalo. _____

¿Dios es santo y misericordioso? Entonces, alábalo. _____

Jesús: ¡Jesús era perfecto y conocía todo acerca de la oración! Lee estos versículos de la Biblia y observa lo que te dicen acerca de su hábito de la oración y algunas de las cosas por las que Él oraba:

Marcos 1:35: *Muy de madrugada, cuando todavía estaba oscuro, Jesús se levantó, salió de la casa y se fue a un lugar solitario, donde se puso a orar.*

¿Qué momento elegía Jesús para orar, y dónde?

_____

_____

_____

Juan 6:11: *Jesús tomó entonces los panes, dio gracias y distribuyó a los que estaban sentados [...] Lo mismo hizo con los pescados.*

¿Por qué Jesús dio gracias?

_____

_____

Lucas 23:34: *Jesús dijo: «Padre, perdónalos, porque no saben lo que hacen»* (NTV).

¿Qué le pidió Jesús al Padre que hiciera?

_____

_____

Date cuenta que Dios siempre está disponible para ti. ¿Has notado alguna vez que los teléfonos móviles de tus padres están siempre encendidos y disponibles?

Esto significa que las personas pueden llamarlos a cualquier hora del día o la noche.

Tu vida de oración es como un teléfono móvil: puedes orar todas las veces que quieras, en cualquier lugar que te encuentres, y hablar con Dios todo lo que quieras. Tienes una línea directa con el Dios del universo las veinticuatro horas del día, los siete días de la semana. ¿Qué me dices de esto como acceso inmediato a Dios? Fíjate lo que dicen los siguientes versículos acerca de la disponibilidad de Dios.

El Señor está cerca de quienes lo invocan, de quienes lo invocan en verdad (Salmo 145:18).

¿Qué aprendes acerca de Dios en este versículo?

_____

_____

_____

¿Qué es lo que debes hacer?

_____

_____

_____

Y hablando de teléfonoes celulares, no te olvides lo que Dios dice en Jeremías 33:3: *Clama a mí y yo te responderé.*

♥ La decisión es tuya ♥

Puedes dar muchas excusas acerca de por qué decides no orar. Puedes ser como Megan, quien decidió no dedicar el tiempo ni hacer el esfuerzo por orar. La oración no era en sí una prioridad para ella. No era importante. En cambio, llenó su tiempo de cosas que quería hacer, cosas que pensaba que eran importantes.

La decisión de orar, o no orar, es tuya. Puedes decidir ser como Megan y estar tan ocupada que ni siquiera pienses en orar. Muchas chicas no harán lo necesario para hablar con Dios. La oración es un acto de voluntad. Es una decisión. Debes *querer* hacerlo... y *decidir* hacerlo. La decisión es tuya.

▪ Toma decisiones buenas de verdad ▪

En este capítulo analizamos la Palabra de Dios y aprendimos lo importante que es la **O-R-A-C-I-Ó-N**. En esta página, escribe para cada letra un propósito según lo que declaramos en este capítulo. (Voy a ayudarte a empezar con la letra «O»).

$\mathcal{O}$rar es hablar con Dios.

$\mathcal{R}$_____

a_____

$\mathcal{R}$_____

Ahora, escribe algo que te gustó, aprendiste o quieres hacer respecto a poner la oración como una parte importante de tu vida.

_____

_____

_____

_____

_____

Por último, dedica el tiempo para sellar el deseo de tomar decisiones buenas *de verdad* con las palabras de esta oración:

¡Hola Dios! Soy _____. Quiero de veras acercarme más a ti, hablar contigo y conocerte mejor. Gracias porque puedo hablar contigo en cualquier momento, en cualquier lugar, sobre cualquier cosa y tú me escuchas. Gracias por estar disponible cuando necesito un amigo, ¡un mejor amigo! Amén.

5

Decide elegir a tus amigos

Megan llegó por fin a la escuela. No estaba segura de que lo haría después de su terrible experiencia en casa a primeras horas de la mañana, pero estaba aquí. Estar en la escuela no era lo que más la emocionaba, ¡sino sus amigos!

Mientras Megan se dirige por el pasillo a su taquilla, se encuentra con algunas de las muchachas de la iglesia, incluyendo a su amiga de toda la vida, Sarah. Estas muchachas le caen bien, y parece que a ellas Megan también. Hay un solo problema: no son muy populares en la escuela. Se visten de manera un poco diferente y actúan distinto a las demás jóvenes de la escuela.

Cuando las muchachas de la iglesia parten para entrar a clase, Sarah dice: «¡Nos vemos el domingo, Meg!». Megan les sonríe y las saluda avergonzada. Está de veras confundida. ¿Por qué? Porque hay una parte de ella que desea poder tener un compromiso con Jesús más fuerte, como estas muchachas. Sin embargo, al mismo tiempo, no quiere llamar la atención, ni que la señalen como diferente o rara en la escuela y con sus otras amigas. Y esa es la verdad. El «grupo popular» ve a las muchachas de la iglesia como las «raras religiosas».

Megan se da vuelta en el momento justo para saludar a Bella, una de las muchachas integrante del «grupo popular» mientras pasa a su lado camino a clase. Bella es muy bonita, y siempre está vestida a la última moda. Durante mucho tiempo, Megan ha tratado de que la acepten en el grupo de Bella. Ah... quizá si Megan ayuda a Bella con su lección de matemática, ella la ayudará a ser parte del grupo.

¡La diversión en la Palabra de Dios!

Puede que seas una joven muy sociable. Tal vez no tengas problemas para hablar con otras personas, sobre cualquier cosa, y entablas amistad con mucha facilidad. O a lo mejor tienes una amiga de la niñez como Sarah, y son inseparables. Cuando se juntan, ¡pueden hablar sin parar! En cambio, para muchas jóvenes no es fácil encontrar ni hacer amigas.

Los amigos son importantes. Dios lo sabe. Es más, Él te da las pautas y los principios para que elijas a tus amigos. Tu meta no es tener cualquier tipo de amigos, sino los adecuados. Así que, bolígrafo en mano, vamos a hacer una búsqueda del tesoro en la Palabra de Dios para descubrir lo que dice acerca de los amigos. Analicemos la palabra **A-M-I-G-O-S**.

Encontrar **un amigo lleva tiempo.** Es probable que hayas escuchado tristes historias acerca de muchachas que no tienen amigas. Tal vez algunas veces te sientas así.

¿Sabías que si eres cristiana ya tienes un amigo muy especial en Jesús? Él les dijo a sus discípulos: *Ustedes son mis amigos [...] los he llamado amigos* (Juan 15:14-15).

Con Jesús como tu amigo, tienes al mejor amigo que cualquiera puede tener. Puedes hablar con Él a través de la oración sobre cualquier cosa, en cualquier momento, en cualquier situación. Lo mejor de todo es que siempre está contigo. ¿Qué te dicen los siguientes versículos acerca de Jesús?

Les aseguro que estaré con ustedes siempre, hasta el fin del mundo (Mateo 28:20).

Jesús _____

_____

Nunca te dejaré; jamás te abandonaré (Hebreos 13:5).

Jesús _____

_____

¡Esta es una noticia sensacional! Jesús está siempre contigo y dispuesto a escucharte. También provee otras personas que pueden ser tus amigos y deberían serlo. Por ejemplo:

Tienes amigos en tus padres. Antes de que te preguntes cómo es posible, debes darte cuenta de que ser amiga de tu padre y tu madre no tiene nada de raro. La verdad es que son un regalo de Dios para ti. Nadie te ama más ni se preocupa más por ti que tus padres. Pídele ayuda a Dios para desarrollar una amistad con ellos que dure para siempre.

También tienes amigos en tus hermanos y hermanas. Es probable que estés pensando: «¿Es una broma? ¿Amiga del perdedor de mi hermano? ¡De ninguna manera!». O: «¿Amiga de mi hermanita? ¡Qué asco! ¡Qué dolor de cabeza!».

Lo creas o no, en la vida los amigos irán y vendrán. Podrás seguir en contacto con algunos, pero al cabo de un tiempo la mayoría seguirá adelante. Tu familia, en cambio, siempre estará allí, sin importar lo que suceda ni dónde estés. He aquí algunas buenas noticias: Tu hermano no será un perdedor para siempre y tu hermana no siempre será un dolor de cabeza.

Rechaza a algunas personas como amigas. La Biblia es específica en cuanto al tipo de persona que tenemos que buscar como amiga y la que debemos evitar. Aquí tienes una lista de las personas que Dios dice que rechaces como amigas.

Camina con sabios y te harás sabio; júntate con necios y te meterás en dificultades (Proverbios 13:20, NTV).

Un amigo sabio hace que yo...

_____

_____

_____

_____

_____

Un amigo necio hace que yo...

_____

_____

_____

No te hagas amigo de la gente irritable, ni te juntes con los que pierden los estribos con facilidad (Proverbios 22:24, NTV).

No voy a ser amiga de...

_____

_____

No voy a ser amiga de...

_____

_____

No se dejen engañar: «Las malas compañías corrompen las buenas costumbres» (1 Corintios 15:33).

¿Qué efecto tienen en tu vida las malas amistades?

_____

_____

_____

Involucra a tus padres. ¿Te preguntas por qué debes escuchar a tu padre y a tu madre cuando te aconsejan acerca de tus amistades? ¿Cómo es posible que tus padres sean de ayuda en tu búsqueda de buenos amigos?

Primero, tus padres tienen un poco más de experiencia en encontrar amigos que tú. ¡Pueden ser de gran ayuda!

Además, de acuerdo al plan de Dios en Efesios 6:1 *(Hijos, obedezcan en el Señor a sus padres, porque esto es justo)*, son la máxima autoridad respecto a quienes son y no son tus amigos.

Tomemos a Megan, por ejemplo. Quería ser amiga de Bella no porque fuera una influencia buena y piadosa, sino porque era popular. Los padres de Megan podían ver cómo Bella influía para mal, lo que Megan no podía ver o no quería ver.

Habla con tus padres acerca de qué tipo de amigos y amistades deberías tener. Asegúrate de que tus nuevos amigos vengan a tu casa y conozcan a tus padres. Te alegrarás por hacerlo.

Lee 2 Timoteo 2:22, el cual es otro versículo acerca de la «amistad»:

Huye de las malas pasiones de la juventud, y esmérate en seguir la justicia, la fe, el amor y la paz, junto con los que invocan al Señor con un corazón limpio.

¿De qué dice este versículo que debes «huir»?

_____

_____

_____

_____

En su lugar, ¿qué debes «seguir»?

_____

_____

_____

¿Qué tipo de amigos quieres tener a medida que te conviertes en una joven, adolescente y mujer conforme al corazón de Dios?

_____

_____

_____

Ah, un recordatorio final... una vez más: ¿Qué dice la Biblia que debes hacer si tus padres te dicen que no seas amiga de ciertas muchachas?

Hijos, obedezcan en el Señor a sus padres, porque esto es justo (Efeios 6:1).

_____

_____

_____

Alienta a tus amigos. ¿Alguna vez has pensado en lo fácil que es decirles a otros jóvenes todo lo que piensas que hacen mal? Usan la ropa equivocada, hablan o actúan raro. Sin embargo, ¿qué dice la Biblia que debes hacer en lugar de desalentar a otros?

Anímense y edifíquense unos a otros (1 Tesalonicenses 5:11).

_____

_____

_____

Haz que sea un hábito mencionar las buenas cualidades y actitudes que ves en los demás.

¿Cuál es la mejor forma de ser una persona que anima? La Biblia nos cuenta cómo Jonatán animó a su mejor amigo, David. Su amistad se basaba en su amor mutuo hacia Dios. ¿Qué hizo Jonatán para animar a David cuando su padre, el rey Saúl, quería matarlo?

Jonatán hijo de Saúl fue a ver a David [...] y lo animó a seguir confiando en Dios (1 Samuel 23:16).

_____

_____

_____

La mejor forma de animar a tus amigas es ayudándolas «a seguir confiando en Dios» a través de la Biblia y la oración. También puedes alagarlas. Elógialas, no por sus ropas geniales ni por otras cosas, sino por algo que valores de ellas, algo que admires de su conducta o carácter. Por ejemplo, ¿es sincera? ¿Se compromete con su equipo y es leal? ¿Es amable y ayuda a su hermano o hermana menor? Díselo. Cuando animas a una persona en vez de echarla abajo, la ayudas a crecer y a desarrollarse bien. Además, ¡eres una buena amiga!

Lo bueno siempre está de moda. ¿Alguna vez has escuchado hablar de la Regla de Oro? ¿Sabías que Jesús fue el que nos enseñó acerca de esta regla? A continuación, léela y escribe lo que Jesús dice que les debes hacer a los demás.

Traten a los demás tal y como quieren que ellos los traten a ustedes (Lucas 6:31).

_____

_____

_____

He aquí un ejercicio: Anota dos o tres maneras en que quieres que te traten los demás:

_____

_____

_____

_____

Ahora, lee de nuevo la Regla de Oro (mira Lucas 6:31 en la página anterior). De acuerdo a esta regla, ¿cómo deberías tratar a otros?

_____

_____

_____

_____

_____

Recuerda, la Regla de Oro no solo dice que debes ser amable. Lee el siguiente versículo. ¿Qué dice la Biblia que debes hacer en lugar de ser solo «amable»?

Sean bondadosos y compasivos unos con otros (Efesios 4:32).

_____

_____

_____

_____

Aquí tienes una actividad más: La Regla de Oro empieza en casa porque la persona que eres en tu casa es la que eres en realidad. Escribe de qué manera vas a practicar la Regla de Oro esta semana con tus padres, hermanos y hermanas.

_____

_____

_____

*D*ecide ser tú misma. No trates de causar una buena impresión en otros haciendo y diciendo cosas que harán que les agrades. Sería intentar actuar de una manera que va en contra de la Palabra de Dios para hacer amigos o para que te acepten en «el grupo de moda». Lo que debes buscar en una amiga es una joven que no sea falsa, que no sea alguien que finja ser el tipo de persona que no es. En tu caso, debes intentar ser auténtica, ser lo que Dios desea que seas: una joven piadosa, ser su niña. Entonces, conviértete en esa persona, aunque signifique que no serás la joven más popular de la escuela. Al menos serás tú misma. Serás genuina, y Dios estará satisfecho contigo. Después de todo, Él te hizo tal como eres.

*L*a madurez espiritual es importante. Decide crecer de manera espiritual. Esto también se aplica a tus amistades. Si deseas crecer en lo espiritual y conocer más acerca de Dios y de cómo quiere que actúes, debes querer amigos que tengan tu mismo deseo de crecer.

Dale un vistazo en la Biblia al joven Daniel. Tenía tres verdaderos amigos que lo acompañaron. Sus nombres eran Sadrac, Mesac y Abednego (Daniel 1:6-7).

Dios le dijo al pueblo judío que no estaba permitido comer ciertos alimentos. Cuando el rey de Babilonia le dio a Daniel y a sus tres amigos comida que iba en contra de la ley de Dios, se unieron más aun y se negaron a comer la comida y pidieron solo vegetales y agua. Lee lo que sucedió después que decidieron comer solo lo que aprobaba Dios. Luego, escribe los resultados:

Al cumplirse el plazo, estos jóvenes se veían más sanos y mejor alimentados que cualquiera de los que participaban de la comida real (Daniel 1:15).

_____

_____

_____

¿Te estás preguntando dónde encontrarás amigos que permanezcan fuertes cuando se trata de hacer lo que dice la Biblia, lo que dice Dios? He aquí una pista: casi siempre encuentras estas amigas en la iglesia o en una clase de la Escuela Dominical.

La decisión es tuya

No hay duda de que elegir amigos y tomar decisiones buenas de verdad forman una parte importante de tu vida. Los amigos son una de las maneras que Dios usa para animarte, enseñarte, prepararte y hacerte crecer. Se dice que hay tres tipos de personas en la vida:

- las que te hunden,

- las que te arrastran, y

- las que te levantan.

Asegúrate de elegir amigas que te levanten y arrastren a Jesús.

Ah, ¡no olvides ser el tipo de persona que levanta y arrastra a otros a Jesús!

Toma decisiones buenas de verdad

En este capítulo analizamos la Palabra de Dios y aprendimos por qué es importante tomar la decisión de elegir los **A-M-I-G-O-S** adecuados. En esta página, escribe para cada letra un propósito según lo que declaramos en este capítulo. (Voy a ayudarte a empezar con la letra «A»).

Amigo es la persona que nos lleva tiempo encontrar.

m_____

I_____

g_____

o_____

s_____

Ahora, escribe algo que te gustó, aprendiste o quieres hacer respecto a encontrar buenos amigos.

_____

_____

_____

_____

_____

_____

Por último, dedica el tiempo para sellar el deseo de tomar decisiones buenas *de verdad* con las palabras de esta oración:

Querido Jesús, gracias por ser mi amigo. Sé que siempre estás conmigo y nunca me dejarás. Ayúdame a animar a los que me rodean, y guíame mientras busco buenos amigos que te amen también. Amén.

6

Decide elegir lo que dices... y lo que no dices

«Ve a tu cuarto ahora mismo jovencita», le dijo la madre a Megan mientras le señalaba su cuarto.

¡Huy! Megan sabía que estaba en problemas... y sabía por qué. Es más, lo supo en el mismo momento en que abrió su boca para decir: «¡Heather, eres tan tonta! ¿No sabes nada?».

Por lo general, Megan era lo bastante inteligente y habilidosa como para ofender a su hermana cuando su madre no estaba cerca. Se aseguraba de que su madre estuviera en otro cuarto o que ella y su hermana estuvieran afuera. Sin embargo, esta vez había metido la pata. Su madre entró en el momento en que Megan volcaba su última dosis de abuso verbal sobre su hermana y la pescó, o *escuchó*, en el acto.

¡La diversión en la Palabra de Dios!

¡Tu boca es siempre importante! Tal vez ahora la tuya esté llena de metal, lo cual significa que tu calendario está repleto de visitas a tu amable dentista de ortodoncia. Y tu boca también es el lugar donde pones la mejor comida para crecer y convertirte en una joven conforme al corazón de Dios.

Además, por supuesto, tu boca te da la emoción de masticar chicle y hacer unos globos enormes. Lo lamentable es que muchas chicas desarrollan el mal hábito de morderse las uñas (también lo hacen con la boca).

Aquí tienes algunos datos adicionales para ti sobre la boca:

Tú decides lo que pones en tu boca.

Tú decides también lo que haces con tu boca.

Además, tú decides lo que sale de tu boca, las palabras que dices.

¿Tu meta? Como joven que desea tomar decisiones buenas *de verdad*, deberías tener como objetivo que todo lo que salga de tu boca sea bueno. Es tu decisión.

No eres la única cuando se trata de decir las cosas con ira o con palabras que hieren a alguien. Créeme, ¡sé lo fácil que es enojarse y perder los estribos! No se necesita nada de dominio propio ni de sabiduría para lanzar palabras duras cuando deseas expresar justo lo que piensas y sientes.

Dios nos muestra una mejor forma de usar nuestras bocas. Él nos muestra la suya. Entonces, una vez más, es hora de leer la Palabra de Dios, la Biblia, para descubrir lo que dice acerca de tu boca. ¿Tienes tu bolígrafo a mano? ¡Fantástico! Ahora, escribe tus respuestas a medida que revisamos algunos versículos de la Biblia.

Analicemos la palabra B-O-C-A.

*H*az que tus palabras sean agradables para Dios. David, un hombre conforme al corazón de Dios, era solo un poco mayor que tú cuando escribió estas palabras:

Sean, pues, aceptables ante ti mis palabras y mis pensamientos, oh SEÑOR, roca mía y redentor mío (Salmo 19:14).

Según este versículo, ¿cuáles son las dos cosas que le interesan a Dios?

Las _____

_____

Los _____

_____

Si conoces qué tipo de palabras agradan a Dios, puedes decidir cuáles usarás y cuáles no usarás al abrir la boca. Aquí tienes tres versículos que te dicen lo que no le agrada a Dios. A medida que los leas, marca, encierra en un círculo o subraya todo lo que Dios dice que debes abandonar, en especial cuando se trata de tener una mala actitud:

Abandonen toda amargura, ira y enojo, gritos y calumnias, y toda forma de malicia (Efesios 4:31).

Tampoco debe haber palabras indecentes, conversaciones necias ni chistes groseros, todo lo cual está fuera de lugar (Efesios 5:4).

Abandonen [...] todo esto: enojo, ira, malicia, calumnia y lenguaje obsceno. Dejen de mentirse unos a otros (Colosenses 3:8-9).

Aun cuando las emociones estén a flor de piel, todavía puedes decidir lo que quieres decir o no quieres decir. Es posible que decidas expresar cosas que hieran a otros o dañen la reputación de otras personas. O puedes decidir contar mentiras en vez de decir la verdad. La decisión adecuada es decir palabras que bendigan y animen a otros, lo cual agrada a Dios.

Revisa los tres pasajes anteriores y lo que marcaste. Luego, enumera dos de las cosas que Dios aborrece, cosas sobre las que vas a trabajar mientras esta semana decides lo que dirás y lo que no dirás:

1. _____

_____

2. _____

_____

*T*u boca habla de lo que sale de tu corazón. Esta verdad es justo de la Biblia y la enseñó Jesús. Como jovencita que sigue a Dios, estoy segura de que quieres parecerte a Jesús. Él siempre habló la verdad y usó su boca para enseñar sobre Dios y su voluntad a quienes se reunían a su alrededor. He aquí una de las cosas que Jesús dijo sobre la boca:

El que es bueno, de la bondad que atesora en el corazón produce el bien; pero el que es malo, de su maldad produce el mal, porque de lo que abunda en el corazón habla la boca (Lucas 6:45).

¿Alguna vez has pensado en que lo que entra en tu *corazón* sale por tu *boca*? Lo mismo pasa con lo que miras con tus ojos, lo que lees y hasta con lo que escuchas que dicen o cantan otras personas. Si estas cosas malas van a tu cabeza, corazón y mente, ¿qué es, según el versículo anterior, lo que saldrá de tu boca?

_____

_____

_____

Estoy segura de que contestaste bien: Cuando tu mente, corazón y cabeza se llenan de cosas malas, de tu boca saldrán esas mismas cosas malas. Eso es lo que dice Jesús. Lo contrario también es cierto: Lo que miras, lees y escuchas que es bueno se atesora en tu corazón. Luego, gracias a que estas cosas buenas están en tu corazón, ¿qué dice Jesús que saldrá de tu boca según Lucas 6:45?

_____

_____

_____

¿Te estás preguntando qué deberías atesorar en tu corazón? ¿En qué deberías estar pensando? ¿Quieres saber lo que te ayudará para que de tu boca salgan cosas buenas? A medida que leas esta lista de instrucciones, encierra en un círculo o subraya las cosas buenas en las que deberías pensar. Aquí tienes una pista: son ocho.

Consideren bien todo lo verdadero, todo lo respetable, todo lo justo, todo lo puro, todo lo amable, todo lo digno de admiración, en fin, todo lo que sea excelente o merezca elogio (Filipenses 4:8).

Repite solo lo que Dios dice que digas. Primero, echa un vistazo a lo que Dios no quiere que digas. Así como es fiel para decirte el tipo de palabras y lenguaje que debería usar tu boca, también te dice lo que no deberías decir.

Aquí tienes algunos ejemplos de la lista de Jesús. Mientras los lees, no te olvides de tener a mano tu bolígrafo o lápiz preferido. Marca estos versículos y encierra en un círculo cada palabra clave. Subraya lo que es importante. ¡Diviértete con la Palabra de Dios!

Cualquiera que diga: «Raca» a su hermano, será culpable delante de la corte suprema (Mateo 5:22, LBLA). (Solo una nota: La palabra «Raca» significa «cabeza hueca» o «tonta» o «estúpida»).

Cualquiera que diga: «Idiota», será reo del infierno de fuego (Mateo 5:22, LBLA).

Maldecir no es aceptable para Dios. Lee de nuevo el

versículo anterior. Luego, anota aquí dos cosas que Jesús nunca quiere escuchar que le digas a nadie:

1. _____

_____

2. _____

_____

Eviten toda conversación obscena. Por el contrario, que sus palabras contribuyan a la necesaria edificación y sean de bendición para quienes escuchan (Efesios 4:29).

¿Qué tipo de conversación dice Dios que no deberías tener nunca?

_____

_____

En cambio, ¿qué tipo de palabras deberías hablar?

Palabras que contribuyan _____ de otros.

Palabras que sean de _____ a otros.

La verdad es lo que se debe decir siempre. ¿Cómo te sentirías si tus padres o un buen amigo te mintieran y no te dijeran la verdad? Eso te haría daño, ¿no es así? ¿Te costaría confiar en cualquier otra cosa que te dijeran tus padres o tu amigo?

La mentira hiere a la gente. Hiere las relaciones familiares y las amistades. Cuando mientes, significa que tienes algo que esconder, o algo que no quieres que otros sepan o se enteren. Por eso es que decir una mentira es como construir una pared de ladrillos entre la persona a la que le mientes y tú. Las mentiras son como paredes que alejan a las personas.

¿Puedes ver por qué es malo mentir? Por eso la Biblia nos ordena que no mintamos:

Por lo tanto, dejando la mentira, hable cada uno a su prójimo con la verdad (Efesios 4:25, LBLA).

¿Qué es lo que Dios quiere que hagas respecto a la mentira?

_____

_____

_____

_____

¿Qué es lo que Dios quiere que hagas en lugar de mentir?

_____

_____

_____

_____

He aquí más consejo de Dios: *Dejen de mentirse unos a otros* (Colosenses 3:9)

Es obvio, pero adelante, escribe la orden de Dios para ti en Colosenses 3:9:

_____

_____

Lastimar a alguien con tus palabras está mal. ¿Tienes una chimenea en tu casa? ¿O has estado de campamento y construido una fogata para tostar malvaviscos? ¿O has visto alguna vez un noticiero que mostrara un incendio fuera de control? No hay duda de que cualquier tipo de fuego puede hacerles gran daño a muchas personas. El fuego físico puede ser muy destructivo.

¿Sabías que la Biblia dice que tu boca y las palabras hirientes que dices son tan destructivas como el fuego arrasador? Aquí tienes lo que dice:

La lengua es un fuego, un mundo de maldad. Siendo uno de nuestros órganos, contamina todo el cuerpo y, encendida por el infierno, prende a su vez fuego a todo el curso de la vida (Santiago 3:6).

Rellena los espacios en blanco para ver lo serios que pueden ser los efectos de tu lengua y tus palabras:

La lengua es como un _____

Es un mundo de _____

Siendo uno de nuestros órganos, _____ todo el cuerpo.

Prende a su vez _____ a todo el curso de la vida.

He aquí otra verdad que puede ayudarte, una vez más de Efesios 4:29: *Eviten toda conversación obscena. Por el contrario, que sus palabras contribuyan a la necesaria edificación.*

¿Qué palabra se usa para describir las palabras malas e hirientes que salen de tu boca?

_____

Una aclaración: «Obscena» es una palabra para impúdico, torpe, ofensivo al pudor.

La decisión es tuya

Estoy segura que ya sabes que una vez que le dices algo malo a alguien, no puedes volver atrás. Lo dijiste. Te escucharon decirlo. Incluso cuando dices que lo sientes, ya heriste a otra persona, y todavía debes admitir que lo que dijiste salió de tu corazón. Cuando dices algo malo, es una señal de que hay algo erróneo en tu corazón.

Como todas las demás decisiones que tomas, las buenas *de verdad* comienzan en tu corazón. Así que asegúrate de que la Palabra de Dios esté en tu corazón. Entonces, las cosas que salen de tu boca serán los pensamientos y las palabras de Dios que siempre son cien por cien buenos.

He aquí otro punto importante: Una decisión buena de verdad que puedes tomar es la de pensar con sumo cuidado antes de hablar. En otras palabras, controla tu boca. Haz que esta sea la oración de tu corazón. ¡Te ayudará!

> *Señor, ponme en la boca un centinela; un guardia a la puerta de mis labios* (Salmo 141:3).

Si controlas tu boca y lo que sale de ella, la Biblia dice que serás perfecta, *capaz también de controlar todo* [tu] *cuerpo* (Santiago 3:2). ¡Qué gran objetivo hacia el cual trabajar! Repito, la decisión es tuya. Puedes tomar la decisión de decirles cosas malas a las personas o no. Puedes tomar la decisión de insultarlas y hacerlas sentir mal, o puedes decirles palabras amables, de amor y amistad.

La decisión es tuya. Dios quiere que hables de maneras que sean buenas. ¿Lo tomarás en serio o no? Si tomas la decisión de decir lo que Él enseña que es bueno y no dices lo que Él enseña que es malo, serás en verdad una joven conforme al corazón de Dios.

En este capítulo analizamos la Palabra de Dios y aprendimos acerca de las conversaciones piadosas. En esta página, escribe para cada letra un propósito según lo que declaramos en este capítulo. (Voy a ayudarte a empezar con la letra «B»).

Boca: Órgano de la palabra que podemos usar para el agrado de Dios.

O _____

C _____

a _____

Ahora, escribe algo que te gustó, aprendiste o quieres hacer respecto a lo que sale de tu boca... ¡y a lo que no debe salir!

_____

_____

_____

_____

_____

_____

Por último, dedica el tiempo para sellar el deseo de tomar decisiones buenas *de verdad* con las palabras de esta oración:

Querido Jesús, ayúdame a detenerme, a esperar y a recordar tu dirección respecto a mis palabras antes de que diga cualquier cosa. En realidad, necesito tu ayuda para tomar la decisión de solo decir lo que te honra y hace bien a otros. Amén.

7

Decide ser paciente

«Sé paciente, Megan, ¡por favor! ¡Estás a punto de volverme loca!» La madre de Megan empezaba a impacientarse por el comportamiento egoísta y exigente de Megan. Una vez más, intentando que entienda, su madre le dijo: «Haremos tu proyecto de manualidades en cuanto termine de llamar a las personas para que lleven comida a la familia Barnes. La señora Barnes necesita ayuda los próximos días porque acaba de tener un bebé».

Megan estaba fuera de sí. Parecía que todos y cada uno se le interponían a lo que quería lograr. Entendía que llevar a su hermanita al médico por fiebre alta era un buen motivo por el que su madre no encargó los elementos para su proyecto. Sin embargo, ¡ese bebé en el hogar de otra familia era más de lo que Megan podía soportar!

¿Su madre no se daba cuenta de lo mucho que significaba ese proyecto para ella? Había intentado una y otra vez convencer a su madre, pero parecía tener otras cosas mucho más importantes que hacer. Megan estaba tan molesta que salió furiosa por el pasillo a su lugar preferido, su cuarto, dio un portazo y se desplomó en la cama.

«¡Sé paciente!», murmuró. «Creo que he sido muy paciente. Creo que, para variar, es hora de que mi madre empiece a pensar en mí, ¡y en lo que yo quiero!».

¡La diversión en la Palabra de Dios!

Es evidente que Megan tomó una decisión. En lugar de ver cómo podía ser de ayuda para su madre con algunas preocupaciones importantes, como la necesidad de los demás, decidió salir furiosa de la habitación. No se daba cuenta de que Dios quería que fuera paciente. No entendía que la paciencia era el regalo de Dios para que pudiera ser de bendición para su madre y para otros, en lugar de una molestia.

Es hora de mirar de nuevo la Palabra de Dios y descubrir cuánto quiere que esperes tú, su muchacha, cuando Él te lo pide. Entonces, ya sabes que hacer, ¿verdad? Toma tu bolígrafo y escribe las respuestas a medida que revisemos algunos versículos de la Biblia. Analicemos la palabra **P-A-C-I-E-N-C-I-A**.

Paciencia es aprender a esperar. ¡Podríamos decir que la paciencia es aprender a no hacer nada! Sé que quizá disfrutes de «no hacer nada» y que tengas días en los que puedes ser perezosa, pero eso es diferente. Se trata de no hacer nada cuando lo bueno es no hacerlo. Paciencia es......

No hacer nada cuando te dicen que esperes a la salida de la escuela.

No hacer nada cuando otros se ríen de ti en la escuela.

No hacer nada en lugar de enfurecerte y enojarte.
No hacer nada en lugar de vengarte.

He aquí cómo Jesús le explicó la paciencia a su discípulo, Pedro:

Entonces se le acercó Pedro y le dijo: «Señor, si mi hermano peca contra mí, ¿cuántas veces debo perdonarlo? ¿Hasta siete veces?» (Mateo 18:21, RVC).

Según Pedro, ¿cuál era el máximo de veces para perdonar a alguien?

_____ veces

Jesús le dijo: «No te digo que hasta siete veces, sino hasta setenta veces siete» (Mateo 18:22, RVC).

¡Saca la cuenta! De acuerdo con Jesús, la paciencia no se termina cuando perdonas a alguien siete veces. No, Él dijo setenta veces siete. ¿Cuántas veces son setenta por siete?

_____

El punto al que Jesús quería llegar era este: Siempre debes estar dispuesta a perdonar. ¿Puedes imaginar cuánta paciencia va a requerir de tu parte?

Pídele paciencia a Dios. Aprender a esperar no es fácil. Allí es cuando la oración viene a tu rescate. Dios está dispuesto a darnos su paciencia cada vez que se la pidas.

Así que, ¡pídela! Después, podrás llevar a cabo este mandamiento de Dios:

Sean pacientes unos con otros y tolérense las faltas por amor (Efesios 4:2, NTV).

Anota dos cosas que puedes hacer respecto a ser más paciente la próxima vez que tengas que esperar o no consigas lo que quieras cuando alguien te molesta:

_____

_____

_____

Mientras piensas en la paciencia, recuerda a Noé. Es probable que conozcas la historia de Noé y el arca. Dios le dijo que construyera un arca a fin de que juntara dos ejemplares de cada ser viviente y sobrevivir a un diluvio que destruiría el mundo y su gente porque era mala. Esto es lo que dice la Biblia:

Dios esperaba con paciencia mientras se construía el arca (1 Pedro 3:20).

¡Génesis 6:3 nos cuenta que Dios esperó y les dio a las personas malvadas *ciento veinte años* para que se arrepintieran de sus pecados!

Entonces, ¿cuánto tiempo esperó Dios con paciencia?

_____

¡Espero que esto te anime a ser más paciente!

Usa el diez. Es probable que hayas escuchado este dicho: «Antes de decir cualquier cosa, cuenta hasta diez». O, «antes de hacer cualquier cosa, cuenta hasta diez». Este pequeño consejo te prepara para que esperes, a que con paciencia no hagas nada hasta que puedas decir o hacer lo adecuado. Te guarda de perder los estribos o de lastimar a alguien de manera física o con tus palabras.

El apóstol Pablo enfrentó una buena cantidad de insultos y de personas diciendo mentiras sobre él. No obstante, fue paciente. ¿Qué consejo da acerca de cómo deberías responder a las personas que dicen cosas que te hieren?

Un siervo del Señor no debe andar peleando, sino que debe ser [...] paciente con las personas difíciles (2 Timoteo 2:24, NTV).

Cuando estoy ofendido, no debo andar...

_____

En su lugar, debo ser...

_____

Pasa por alto los insultoss. ¿No detestas cuando alguien te insulta o se ríe de ti? ¿Cuál es casi siempre tu primera reacción? Si eres como la mayoría de las personas, quieres responder con un insulto, ¿verdad? Ella te insultó, así que de inmediato quieres insultarla.

Bueno, la paciencia también se aplica a los insultos que recibes. Aquí tienes un versículo que nos enseña acerca de la paciencia:

El buen juicio hace al hombre paciente; su gloria es pasar por alto la ofensa (Proverbios 19:11).

Según este versículo, ¿qué tipo de persona tiene paciencia o crece en la misma?

_____

_____

_____

Ser paciente es una señal de buen juicio: solo una persona con buen juicio tiene paciencia. Entonces, recuerda lo que has estado aprendiendo: Sé sabia y cuenta hasta diez.

¿Qué dice este versículo que debes hacer cuando alguien te insulta?

_____

_____

_____

El mensaje de Dios es que tengas buen juicio, y seas paciente y perdonadora. Haz que la paciencia sea tu primera reacción cuando los demás te faltan el respeto o se burlan de ti.

Resistir es parte de esperar. Entoooonces, ¿cuánto tiempo puedes esperar? Quizá digas: «Bueno, eso depende. Podría esperar para siempre antes de que me castiguen por enojarme con mi hermanita. En cambio, no puedo esperar mucho cuando quiero trabajar en mi proyecto de manualidades».

Siempre recuerda que la disposición a esperar no se basa en lo que tú piensas que es apropiado, sino en lo que es apropiado. Esa es una lección que no aprendió el rey Saúl en el Antiguo Testamento. Samuel, profeta de Dios, le dijo al rey Saúl:

Baja luego a Guilgal antes que yo. Allí me reuniré contigo para ofrecer holocaustos [...] y cuando llegue, te diré lo que tienes que hacer. Pero tú debes esperarme siete días (1 Samuel 10:8).

¿Qué debía hacer el rey Saúl, y por cuánto tiempo?

_____

_____

_____

¿Qué iba a hacer Samuel cuando llegara a los siete días?

_____

_____

_____

_____

La historia continúa: *Durante siete días Saúl esperó allí, según las instrucciones de Samuel, pero aun así Samuel no llegaba. Saúl se dio cuenta de que sus tropas habían comenzado a desertar, de modo que ordenó: «¡Tráiganme la ofrenda quemada y las ofrendas de paz!». Y Saúl mismo sacrificó la ofrenda quemada* (1 Samuel 13:8-9, NTV).

¿Qué sucedió cuando el profeta Samuel no llegó al séptimo día?

_____

_____

_____

_____

Entonces, como era de esperar, Samuel apareció en el lugar. Cuando Samuel vio lo que hizo Saúl, dijo: *¡Eres un necio!* (1 Samuel 13:13). ¿Cómo describe Samuel la falta de paciencia de Saúl?

_____

_____

_____

_____

Debido a que Saúl estaba apurado y no quería esperar pacientemente a Samuel, siguió adelante y ofreció los sacrificios animales él mismo. Entonces Samuel le dijo al rey Saúl:

No has cumplido el mandato que te dio el SEÑOR tu Dios. El SEÑOR habría establecido tu reino sobre Israel para siempre, pero ahora te digo que tu reino no permanecerá (1 Samuel 13:13-14).

Subraya el resultado o la consecuencia de la desobediencia del rey Saúl hacia el profeta de Dios y su error de no esperar como le instruyeron.

Nunca trates de vengarte. Ya sabes lo fácil que es querer lastimar a alguien porque te hicieron daño. Quieres vengarte, ¿verdad? Sin embargo, Dios te ofrece una mejor manera: Su manera.

No devuelvan mal por mal ni insulto por insulto; más bien, bendigan (1 Pedro 3:9).

¿Qué es lo que no debes hacer cuando te insultan o te hacen mal?

_____

_____

¿Qué debes hacer en cambio?

_____

_____

(Solo un comentario: Aquí, «bendigan» significa hablar bien de esa persona).

Lleva el ejemplo de Jesús en tu corazón. Muy pocas personas han experimentado la misma cantidad de abuso y dolor que Jesús. Es muy difícil no enojarse ni molestarse cuando alguien se burla de ti y te hiere de manera física. Sin embargo, Jesús, el ejemplo perfecto de paciencia, sufrió mucho más dolor que el que jamás sufriremos nosotros. ¿Cómo les respondió a sus enemigos? El siguiente versículo nos cuenta los detalles sobre su paciencia hacia quienes fueron crueles con Él.

Cuando proferían insultos contra él [Jesús], no replicaba con insultos; cuando padecía, no amenazaba, sino que se entregaba a aquel [Dios] que juzga con justicia (1 Pedro 2:23).

Subraya cómo Jesús mostró paciencia por lo que *no* hizo.

¿Qué hizo Jesús en cambio?

_____

_____

_____

Después que los soldados lo clavaron en la cruz, Jesús oró:

«Padre, perdónalos, porque no saben lo que hacen» (Lucas 23:34, RVC).

¿Cuál fue el mensaje o la esencia de la oración de Jesús?

_____

_____

¿Necesitas perdonar a alguien que te hirió de alguna manera? ¡Ora por esa persona ahora!

Modera tu temperamento. ¿Sabes lo que es un *cascarrabias*? Es una persona que no controla su temperamento. También es una terrible debilidad. Sigue leyendo para aprender lo que dice la Biblia acerca de las personas que pueden controlar su temperamento. Revisa este versículo, luego llena los espacios en blanco que le siguen:

Mejor es el lento para la ira que el poderoso [guerrero], y el que domina su espíritu que el que toma [conquista] una ciudad (Proverbios 16:32, LBLA).

Una persona apacible y lenta para la ira es mejor que

_____

_____

Una persona que domina su espíritu o temperamento es más valiosa que un soldado o incluso que un ejército que puede _____ una ciudad.

Se necesita de mucha fortaleza para ser paciente. Lo más fácil es estallar y perder el control. Sin embargo, hacer lo contrario, decidir ser paciente, es una señal de gran poder y dominio propio.

Aquí hay algo para pensar: ¿Cuán fuerte eres cuando se trata de dominar tu espíritu?

♥ La decisión es tuya ♥

No hay duda de que ser paciente es un verdadero desafío. Por eso se incluyó este tema en este libro: ¡es *muy* importante! Siempre tendrás oportunidades para ser paciente cuando los demás son malvados, dicen cosas hirientes o te hacen esperar. Entonces, ¿cómo puedes crecer para ser cada vez más paciente?

Aquí tienes una idea que viene de la Biblia: *revístanse de [...] paciencia* (Colosenses 3:12). Así como vas a tu armario todos los días y decides lo que te vas a poner, necesitas ir al armario de Dios y decidir ponerte paciencia, su paciencia.

Amiga, la decisión es tuya. Puedes decidir si vas a obedecer los mandamientos de Dios para ser paciente o no, si vas a *trabajar* en ser paciente o no. Así que toma tu primera decisión de tomar la paciencia y vestirte con ella. Pruébalo por un día. ¡*Todos* estarán contentos! Dios en especial.

En este capítulo analizamos la Palabra de Dios y aprendimos por qué es importante tener **P-A-C-I-E-N-C-I-A**. En esta página, escribe para cada letra un propósito según lo que declaramos en este capítulo. (Voy a ayudarte a empezar con la letra «P»).

P aciencia es aprender a esperar.

a _____

c _____

i _____

e _____

n _____

c _____

i _____

a _____

Ahora, escribe algo que te gustó, aprendiste o quieres hacer respecto a la decisión de esperar o tener paciencia.

_____

_____

_____

_____

_____

Por último, dedica el tiempo para sellar el deseo de tomar decisiones buenas *de verdad* con las palabras de esta oración:

Señor, tú sabes cuánto me cuesta esperar. Y sé lo que tengo que hacer: ¡Debo aprender a esperar! Tengo muchas ganas de vestirme mañana para «ponerme» un poco de paciencia. ¡La necesito de verdad en mi casa... y en la escuela... y... y... y! Gracias por tu ayuda... y por tu ejemplo. Amén.

8

Decide tener un corazón gozoso

«Megan», la voz profunda de su padre la interrumpió mientras estaba sentada en la mesa del desayuno atiborrándose la boca con gofres, «no lo olvides. Mañana necesito que tú y tu hermana nos ayuden a tu madre y a mí a hacer algunos trabajos en la casa a fin de prepararla para nuestra reunión navideña».

«Por supuesto, esas no son muy buenas noticias», gruñó Megan mientras se escapaba a su cuarto al final del desayuno. No estaba contenta con lo que el padre le acababa de decir. Ya tenía planes importantes para el sábado, ¡y estaba segura de que no incluían ayudar a sus padres en la preparación de la casa para una fiesta con un montón de adultos!

De pronto, la alegría que Megan experimentaba hacía unos minutos cuando disfrutaba de su día, ¡y de sus gofres!, se tornó sombría. Quería que su familia y el mundo entero supieran lo disconforme que estaba, así que cerró la puerta de su cuarto con más fuerza, y más ruido, de lo habitual.

A la mañana siguiente, Megan escuchó un toque en la puerta de su cuarto. Abrió los ojos al sonido de la voz de su madre diciéndole, para su sorpresa: «¡Arriba! El desayuno está en la mesa. Luego tenemos mucho trabajo para prepararnos para la fiesta».

¿Sabes lo que es una encrucijada? Estoy segura de que has estado con tus padres de vacaciones en el auto y han llegado a un lugar donde se cruzan varias calles. Esa es una encrucijada.

Tal vez la escena fuera algo así: Tu padre estaba convencido de que necesitaba seguir derecho. Tu madre, por el contrario, que tenía el GPS y un mapa en su falda, dijo que tenía que doblar a la izquierda. En otras palabras, había varios caminos que podían tomar. Así pasa con muchas decisiones que tomamos. Nos encontramos en una encrucijada y necesitamos tomar una decisión.

Pues bien, nuestra joven amiga, Megan, también está en una encrucijada. Ah, ¡no conduce un auto! Al fin y al cabo, solo tiene once años. No, su encrucijada es si va a optar por ser feliz o estar triste y del mal humor. Desde que su padre le dio la «buena» noticia de los planes de su madre para el sábado, ha sido todo menos feliz. ¿Estaba enojada?

Sí, Megan estaba en una encrucijada respecto a su actitud. Podía tomar cierto rumbo y decidir tener un corazón gozoso, ayudar con alegría y ser de ayuda para su familia, o podía decidir ir en otra dirección y salir de su cuarto con una mala actitud. Con esta decisión, es probable que les arruinara el día a todos. La decisión de ser gruñona y hosca podía causar que fuera un obstáculo en vez de una ayuda para el proyecto familiar.

¿Qué decisión tomará Megan?

¡La diversión en la Palabra de Dios!

¿Alguna vez tus padres te han dicho que vayas a tu cuarto y no salgas hasta que tengas un «corazón gozoso»? Si es así, tal vez estuvieras actuando como Megan una vez que escuchó los planes para trabajar el sábado. Estabas molesta porque las cosas no iban a salir como querías. Así que decidiste ser gruñona. Bueno, ¿quieres saber lo que en verdad significa tener un corazón gozoso? Entonces, es hora de mirar la Palabra de Dios, la Biblia, una vez más. Descubramos cómo Dios quiere que tú, su muchacha, actúes cuando estás desilusionada, cuando no obtienes lo que quieres. ¿Cómo vas a responder a algo que no quieres o no te gusta hacer, pero que te están diciendo que lo hagas de todas formas?

Es el momento de tomar el bolígrafo y el lápiz. Prepárate para escribir algunas respuestas a medida que le damos un vistazo a versículos de la Biblia. Vamos a disfrutar de verdad al analizar la palabra **G-O-Z-O**.

Jesús te enseña cómo tener gozo. Hay una diferencia entre felicidad y gozo, entre ser feliz y estar alegre. Para empezar, la felicidad es un sentimiento. Eres feliz porque algo agradable sucede en tu vida. Cuando consigues lo que quieres, eres feliz. Y, como Megan, cuando no consigues lo que quieres o no puedes hacer lo que quieres, eres infeliz.

Jesús es el ejemplo perfecto de una persona a la que no le pasaban muchas cosas buenas. Aquí tenemos dos versículos que describen algunas de las cosas difíciles que experimentó. Después de cada versículo, escribe el problema que enfrentó.

Jesús le dijo: «Las zorras tienen guaridas, y las aves del cielo tienen nidos, pero el Hijo del Hombre [Jesús] *no tiene dónde recostar su cabeza»* (Mateo 8:20, RVC).

_____

_____

_____

Allí estuvo [Jesús] *cuarenta días y fue tentado por el diablo. No comió nada durante esos días, pasados los cuales tuvo hambre* (Lucas 4:2).

_____

_____

_____

En estos ejemplos, puedes ver cómo Jesús tuvo hambre y no tenía casa. Además, sufrió dolor físico, y las personas se reían y se burlaban de Él. Ahora lee el siguiente versículo. ¿Qué dice que deberías hacer cuando las cosas no salen a tu manera?

Fijemos la mirada en Jesús, el iniciador y perfeccionador de nuestra fe (Hebreos 12:2).

_____

_____

_____

_____

Echa un vistazo al resto de este versículo y escribe la palabra que usa para describir la actitud de Jesús mientras enfrentaba problemas y dificultades. (¡Y no te olvides fijarte que no se usó la palabra feliz!)

Por el gozo que le esperaba [a Jesús], *soportó la cruz, menospreciando la vergüenza* (Hebreos 12:2).

_____

¿Cuáles son algunas de las cosas que hacen que estés feliz? ¿La mensualidad que te dan? ¿Leer un libro nuevo? Completa esta oración con algunas de tus cosas preferidas: Soy más feliz cuando...

_____

_____

_____

Como ya sabes, la vida no está siempre llena de diversión, juegos y cosas buenas. Entonces, ¿qué te molesta? ¿Te molesta que tus padres te digan que *no* cuando quieres ir a algún lado con tus amigas? ¿*No* cuando quieres mirar televisión o jugar en la computadora? Enumera algunas de las cosas que te molestan o te hacen enojar, cosas que pueden arruinarte el día.

_____

_____

_____

Como has venido aprendiendo, puedes tener gozo sin importar lo que esté pasando en tu vida. *No* siempre estás rodeada de personas gozosas ni agradables. Y las cosas *no* siempre salen como tú quieres. Aun así, puedes estar gozosa porque tu gozo viene de seguir el ejemplo de Jesús. Cuando vives como Jesús, mostrarás gozo todo el tiempo, incluso cuando las cosas no sean como tú quieres.

Cuando tus padres quieren que tengas un «corazón gozoso», lo que de verdad te piden es que tengas un «corazón alegre». Un corazón alegre es aquel que experimenta alegría sin importar lo que suceda a su alrededor, incluso si es algo desagradable.

Dedica un minuto para pensar en Megan. Como todos los padres, los tuyos te piden que hagas cosas que no quieres hacer, como sacar el cesto de basura... y volver a entrarlo. Cuidar a tu hermanita cuando está jugando afuera. Tomar tu turno de sacar los platos sucios de la mesa. ¿Cómo respondes en general cuando no quieres hacer lo que te piden? ¿Qué dices y cómo actúas?

_____

_____

_____

_____

Piensa en una nueva y mejor manera de responder con gozo la próxima vez que te pidan que hagas algo. O, dicho de otra forma, ¿qué decisiones tomarás respecto a tus palabras, actitudes y acciones?

La próxima vez, quiero

_____

_____

_____

bserva a otros que tienen gozo. ¿Te estás preguntando cómo estar gozosa es mejor que sentirte feliz? ¡Buena pregunta! Es bueno recordar que ser feliz depende de lo *bien* que están las cosas en tu día y en tu vida. Sin embargo, puedes tener gozo sin importar lo *malo* que se torne todo a tu alrededor. Usa tu bolígrafo para escribir cómo las personas de los siguientes ejemplos respondieron a sus problemas.

Primera escena: En la Biblia leemos que Pedro y Juan recibieron latigazos de los líderes judíos religiosos porque predicaban acerca de Jesús. Escribe cómo respondieron estos dos hombres a los latigazos, y por qué.

Así, pues, los apóstoles salieron del Consejo, llenos de gozo por haber sido considerados dignos de sufrir afrentas por causa del Nombre [de Jesús] (Hechos 5:41).

_____

_____

_____

Segunda escena: Al apóstol Pablo y a su amigo Silas los encarcelaron por predicar acerca de Jesús. Escribe su respuesta cuando los encadenaron y la respuesta de sus compañeros de prisión.

A eso de la medianoche, Pablo y Silas se pusieron a orar y a cantar himnos a Dios, y los otros presos los escuchaban (Hechos 16:25).

Pablo y Silas _____

_____

Los otros presos _____

_____

Siempre es bueno prestar atención a los ejemplos positivos de otros que han sufrido y a sus respuestas ante las pruebas y las dificultades. ¿Cómo dice la Biblia que *debes* responder a las cosas que no son como te gustarían?

Hermanos míos, considérense muy dichosos cuando tengan que enfrentarse con diversas pruebas (Santiago 1:2).

_____

_____

_____

Los sábados son muy especiales, ¿verdad? Es decir, casi nunca hay deberes de la escuela, ni reloj despertador, ni hay que levantarse temprano. Esto no siempre es cierto, pero todas las chicas esperan el sábado para relajarse, pasar el rato y divertirse. Trabajaste duro toda la semana y te mereces un descanso, ¿no es así?

Sin embargo, ¿qué pasa si tus padres te piden que hagas un trabajo, o que les acompañes para visitar a tu abuelo al hospital, o que ayudes a tu padre a rastrillar hojas, o un montón de otras cosas que crees que serán aburridas, pero que tienes la obligación de hacerlas de todas formas? Haz memoria, y quizá hasta recuerdes los ejemplos de esta sección, y responde esta pregunta: ¿Cómo respondieron Jesús, Pedro y Juan, y Pablo y Silas a situaciones desagradables?

_____

_____

Tus padres, maestros y otras autoridades siempre te pedirán que hagas cosas que no quieres hacer. De acuerdo a lo aprendido, ¿cómo deberías responder?

_____

_____

_____

_____

_____

Ríndete ante Dios. *Rendirse* significa ceder o darle poder a otra persona. Cuando te rindes ante Dios, y no ante el pecado, experimentarás gozo. Tendrás paz mental. ¡Y no tendrás que experimentar las consecuencias dolorosas que vienen por tomar malas decisiones!

Tu meta debería ser seguir a Dios sin importar otra cosa. Eso significa que lo obedeces y haces las cosas a su manera. Según este versículo, ¿cómo puedes rendirte ante Dios y obedecerlo?

¿Cómo puede un joven mantenerse puro? Obedeciendo tu palabra [la Biblia] (Salmo 119:9, NTV).

_____

_____

_____

El siguiente versículo dice: *Yo te busco con todo el corazón; no dejes que me desvíe de tus mandamientos* (Salmo 119:10).

¿Hasta qué punto desearías obedecer a Dios?

_____

_____

_____

¿Cuál debería ser tu oración?

_____

_____

_____

El siguiente versículo está lleno de buen consejo: *En mi corazón atesoro tus dichos* [versículos de la Biblia] *para no pecar contra ti* (Salmo 119:11).

_____

_____

_____

_____

La decisión es tuya

Qué emocionante es saber que leer tu Biblia y seguir los ejemplos de Jesús y otras personas piadosas te ayudará a tener gozo. Puedes decidir estar gozosa y tener un corazón alegre cada vez que le prestas ayuda a tu familia, y decidir hacerlo con una buena actitud. Por supuesto, quizá no sea la forma en que quieras pasar el tiempo, pero es lo que Dios te pide que hagas. Puedes apretar tus dientes, suspirar, quejarte, hacer muecas y hacerlo, o puedes tomar la decisión buena *de verdad* de hacerlo *de corazón, como para el Señor y no como para la gente* (Colosenses 3:23, RVC).

Ahora analicemos de nuevo la situación de Megan, ¡solo que esta vez eres tú! Es sábado, y tu padre lo declaró «día de trabajo». Tienes una decisión *muy* importante que tomar. ¿Cómo actuarás cuando salgas de tu cuarto para desayunar? ¿Qué tipo de corazón elegirás tener a medida que te diriges a la mesa del desayuno y te unes a tu familia? Basada en lo que has estado aprendiendo acerca del gozo y el corazón contento, ¿qué decisión (es de esperar) que tomes?

_____

_____

_____

_____

═ Toma decisiones buenas de verdad ═

En este capítulo analizamos la Palabra de Dios y aprendimos por qué es importante tener el hábito del **G-O-Z-O**. En esta página, escribe para cada letra un propósito según lo que declaramos en este capítulo. (Voy a ayudarte a empezar con la letra «G»).

*G*ozo es lo que te enseña Jesús para que lo tengas.

O _____

Z _____

O _____

Ahora, escribe algo que te gustó, aprendiste o quieres hacer respecto a tener un corazón gozoso.

_____

_____

_____

_____

_____

_____

Por último, dedica el tiempo para sellar el deseo de tomar decisiones buenas *de verdad* con las palabras de esta oración:

Querido Jesús, ayúdame a entender que el verdadero gozo se encuentra en ti y en ser como tú. Te pido que me des tu gozo, incluso cuando las cosas no salen como quiero. Y, entre nosotros, Señor, de verdad que me gusta la manera en que me siento cuando tengo un corazón alegre. Necesito más de esto. Amén.

9

Decide ser fiel

Megan tuvo un día bastante bueno, a pesar de que las cosas no empezaron tan bien. Es una lástima que llegó tarde a la escuela y no tuvo ni un rato para estar con su mejor amiga, Brittany, antes de que comenzaran las clases. Su otro único problema vino con la clase de gramática, cuando trató de explicarle a su maestra por qué no había terminado su trabajo de la asignatura. Sin embargo, ahora la escuela había terminado, junto con todos sus problemas. Todo quedaba atrás al adentrarse en el resto del día. Megan tenía muchas ganas de leer más de su nuevo libro cuando llegara a su casa.

«No veo la hora de llegar a casa», suspiró.

Los pies de Megan apenas habían tocado el piso de la sala cuando su madre se le abalanzó. Tenía esa mirada que le decía a Megan que estaba en GRANDES problemas. Le preguntó con severidad:

—Megan, ¿te olvidaste de algo esta mañana antes de salir corriendo de casa para la escuela? ¿Te olvidaste de alimentar a Fluffy?

(Megan detestaba que su madre le hiciera una pregunta de la que ambas conocían la respuesta).

—Bueno, mamá —comenzó su defensa—, sabes que

esta mañana estaba retrasada y no quería llegar tarde a la escuela.

(¡Glup! Megan no podía dejar de recordar algunas de las malas decisiones que tomó esa mañana, ¡y la noche anterior también!, que causaron que llegara tarde a la escuela).

La débil respuesta de Megan le dio a su madre la oportunidad perfecta para recordarle una promesa que hizo.

—Megan, nos rogaste a tu padre y a mí que te compráramos un perrito, ¿recuerdas? Y prometiste que si te lo regalábamos, lo cuidarías y lo alimentarías cada mañana y lo sacarías antes de ir a la escuela. ¿Recuerdas? Bueno, lo prometiste, y ahora tienes a Fluffy, pero no estás cumpliendo con tu promesa, como esta mañana. Estás fallando en guardar tu palabra y cuidar de Fluffy.

¡La diversión en la Palabra de Dios!

Este solo fue el último episodio en el que Megan no ha cumplido sus promesas. Solo pregúntales a sus compañeros del concurso de la iglesia o a las chicas en su equipo de fútbol acerca de cómo decidió faltar a la clase porque estaba «demasiado cansada». Las historias de cómo Megan ha defraudado a las personas no tienen fin, pero estoy segura de que entiendes la situación. Es evidente que Megan no entiende lo importante que es ser fiel. Es posible que no sepa que ser fiel significa ser leal, confiable y responsable.

Y tal vez no sepa que la Biblia también tiene MUCHO que decir acerca de la fidelidad. La fidelidad es una decisión importante que Megan, como tú también al ser una joven que quiere agradar a Dios y a tus padres, necesitan entender y practicar.

Entonces, es hora de revisar una vez más la Biblia y descubrir lo que dice Dios sobre la fidelidad. Con un bolígrafo en mano, escribe las respuestas mientras le damos un vistazo a algunos versículos de la Biblia. Analicemos la palabra F-I-D-E-L-I-D-A-D.

La fidelidad es un fruto del Espíritu. Si eres cristiana, el Espíritu Santo de Dios habita en ti. Su papel es ayudarte a hacer lo que le agrada a Dios. A continuación, encierra en un círculo el «fruto» específico del que hablamos en este capítulo.

El fruto del Espíritu es amor, alegría, paz, paciencia, amabilidad, bondad, fidelidad, humildad y dominio propio (Gálatas 5:22-23).

Solo un comentario: En la Biblia, la palabra «fidelidad» significa, en esencia, «leal, constante, confiable, seguro, verdadero». Es un mandamiento importante de parte de Dios, y su Espíritu Santo está siempre dispuesto para ayudarte a ser fiel.

Al empezar este capítulo acerca de la fidelidad, ¿cómo calificarías tu fidelidad la semana pasada en casa, en tus deberes de la escuela y en tus otros compromisos? Marca uno con un círculo.

Muy fiel   Más o menos fiel   Necesito mejorarla

ctúa como Dios y sé fiel. Desde el principio de la Biblia hasta la última página, puedes ver que Dios es fiel. Comencemos con uno de los primeros libros de la Biblia. Mientras alababa a Dios, ¿qué dijo Moisés acerca de Él?

> *Él es la Roca, sus obras son perfectas, y todos sus caminos son justos. Dios es fiel; no practica la injusticia* (Deuteronomio 32:4).

Dios es _____

Dios es _____

Dios es _____

Dios es _____

En la mitad de la Biblia, leemos las palabras de un hombre que está alabando a Dios. ¿Qué quería que el mundo supiera acerca de Dios?

> *Por todas las generaciones proclamará mi boca tu fidelidad* (Salmo 89:1).

_____

_____

En el último libro de la Biblia, ¿cómo se le llama a Jesús, el Hijo de Dios, cuando Él vuelve a la Tierra?

Vi el cielo abierto, y apareció un caballo blanco. Su jinete se llama Fiel y Verdadero (Apocalipsis 19:11).

_____

_____

Como una joven que quiere seguir a Dios, la fidelidad como la suya debería ser parte de tu carácter. Por eso es importante decidir ser fiel en todo lo que haces, ya sea alimentar al perro, memorizar versículos de la Palabra para apoyar a tus compañeros del club bíblico, hacer tus deberes escolares todas las tardes o levantarte en la mañana, para hacer tus quehaceres, y llegar a la escuela a tiempo.

Percepciones en torno a la fidelidad. ¿Sabes qué significa la palabra *percepción*? Significa tener más conocimiento y entendimiento acerca de algo. Cuando se trata de ser fiel, podemos decir que una joven que muestra esta cualidad en su vida es confiable. Las personas pueden contar con ella, sus padres en especial. Y podemos decir que Dios puede contar con ella también. Las personas pueden confiar en ella, en lo que dice y hace.

He aquí algunas características que describen a una jovencita fiel. Marca las que tienes que mejorar con la ayuda de Dios.

_____Lleva a cabo lo que sea que tenga que hacer.

_____Termina lo que empieza, sea lo que sea.

_____Llega temprano a fin de que no se preocupen los demás.

_____Cumple su palabra. Si hace una promesa, la cumple.

_____Asiste a la iglesia con regularidad y hace su tarea de la Escuela Dominical.

Escoge y escribe la muestra de fidelidad en la que empezarás a trabajar hoy mismo.

_____

_____

_____

Las muestras de fidelidad. Justo ahora, quizá te preguntes: «¿Cómo puedo producir este fruto de *fidelidad*?». Como siempre, Dios tiene la respuesta. En el versículo siguiente, ¿cómo dice Jesús que debes empezar a probar tu fidelidad y a fortalecer esta cualidad de carácter cada día?

El que es fiel en lo muy poco, es fiel también en lo mucho (Lucas 16:10, LBLA).

_____

_____

_____

La decisión de ser fiel en las pequeñas cosas es una buena *de verdad*. ¿Cuál es un buen hábito a desarrollar que te ayudará a cumplir con tus responsabilidades, empezando en casa?

Nunca come un pan que no se haya ganado (Proverbios 31:27, RVC).

_____

_____

_____

La Biblia describe una cualidad importante de los líderes de la iglesia que se ajusta a todos los hijos de Dios, incluyéndote a ti. ¿Cuál es esa cualidad que menciona este versículo?

[Los] *diáconos* [y] *sus esposas deben ser [...] fieles en todo lo que hagan* (1 Timoteo 3:10-11, NTV).

_____

_____

_____

Ahora, vuelve y encierra en un círculo la palabra «todo».

Héroes por causa de la fidelidad. ¿Estás buscando un ejemplo de una persona joven que haya sido fiel? En la Biblia encontramos un ejemplo perfecto de un adolescente llamado Daniel. A él y a tres de sus amigos los tomaron cautivos en Israel y los trasladaron muy lejos a Babilonia. Allí, el rey de Babilonia les ofreció comida que la ley de Dios no les permitía comer.

Piénsalo: Daniel y sus amigos estaban en una tierra extranjera, separados de sus padres. No había nadie cerca para decirles lo que tenían que hacer. Eran libres de hacer lo que quisieran. ¿Cómo Daniel y sus amigos mostraron su fidelidad a Dios?

Daniel se propuso no contaminarse con la comida y el vino del rey (Daniel 1:8).

_____

_____

_____

Ahora vuelve y haz un círculo alrededor de la palabra «no».

¿De qué otra manera mostraron Daniel y sus tres amigos su fidelidad a Dios cuando se les ordenó adorar a una estatua de oro o ser castigados y morir?

Sepa Su Majestad que no serviremos a sus dioses, ni tampoco adoraremos la estatua que ha mandado erigir (Daniel 3:18, RVC).

_____

_____

_____

Una vez más, vuelve y encierra en un círculo la palabra «no».

*L*a fidelidad es siempre la decisión adecuada. Nunca tendrás éxito en nada que desees hacer bien sin ser leal tanto en las pequeñas como en las grandes cosas. Sea lo que sea que quieras hacer ahora, mañana, la semana próxima o el año que viene, solo será posible lograrlo con lealtad. La lealtad es necesaria a cada paso del camino... y a lo largo de cada día. Por ejemplo:

Tus deberes escolares: Ir a la escuela, aprender y crecer en conocimiento requerirán que trabajes, esto incluye hacer tus deberes escolares. Tus maestros no te darán más trabajo del que puedes hacer, y hay motivos por los que te los dan. ¿Qué dice este versículo acerca de por qué debes hacer lo mejor posible en todo, incluyendo tus deberes de la escuela?

Y todo lo que hagan, de palabra o de obra, háganlo en el nombre del Señor Jesús (Colosenses 3:17).

_____

_____

_____

Tus devocionales: Este asunto no te sorprende, ¿verdad? Tener devocionales, pasar tiempo leyendo tu Biblia y orando es una decisión que debes tomar con fidelidad cada día. Es una medida que te guiará a tomar decisiones buenas *de verdad* durante todo el día. ¿Cómo se logrará eso? Leyendo con fidelidad la Palabra de Dios todos los días. ¿Qué deseaba hacer cada día el rey David?

Oh Dios, tú eres mi Dios; yo te busco intensamente (Salmo 63:1).

_____

_____

Solo un comentario: El resto de este versículo continúa diciendo: *Mi alma tiene sed de ti; todo mi ser te anhela, cual tierra seca, extenuada y sedienta.* En cuanto David se levantaba, tenía sed de Dios. Quería, y necesitaba, pasar tiempo con Dios.

Tus amigas: Debes ser una amiga fiel. Parte de esto incluye ser fiel para tomar la decisión de escoger a las amigas adecuadas; es decir, amigas que amen a Jesús. Luego, sé fiel con ellas. Defiéndelas, como Daniel defendió a sus amigos ante sus enemigos. Manténganse unidas ante los desafíos que enfrenten en la escuela.

Poco fiable es lo opuesto a fiel. Podemos aprender mucho de las cosas opuestas. Y lo opuesto a la fidelidad es *lo poco fiable*. Una persona poco fiable no cumple con sus compromisos, no se puede contar con ella y no se le puede confiar información ni responsabilidades.

Juan Marcos es un caso triste de un joven que no fue fiel. El apóstol Pablo fue a un importante viaje misionero y lo llevó con él para que fuera un ayudante en su equipo. Su historia se cuenta en Hechos 12:25—13:13. Por ahora, describe lo que pasó cuando las cosas se tornaron difíciles en un aspecto de su ministerio y el equipo tuvo que navegar hacia otro lugar.

Pablo y sus compañeros se hicieron a la mar desde Pafos, y llegaron a Perge de Panfilia. Juan se separó de ellos y regresó a Jerusalén (Hechos 13:13).

_____

_____

Aquí tenemos algo en qué pensar:

Tú puedes confiar en el Señor,
¿pero Él puede confiar en ti?

La pereza es lo opuesto a la fidelidad. Ser perezoso es lo más sencillo. ¡Es tan fácil no hacer nada! Por eso la fidelidad es un desafío. Se requiere la ayuda de Dios para activarse y hacer lo que tengas que hacer y necesites hacer, pase lo que pase.

La parte difícil de ser fiel es que vives en una constante tentación de no hacer nada... o de hacer lo menos posible. La pereza dice: «No quiero hacerlo». La pereza se queja: «No quiero hacer mis quehaceres, no quiero levantarme y cuidar a mi hermanito, no quiero alimentar al perro, no quiero leer mi Biblia».

¿Te estás preguntando de dónde sacas la fuerza que necesitas para ser fiel? Alaba a Dios porque puedes tomar la decisión de ir a Él cuando necesites ser fiel, incluso cuando prefieras ser perezosa y no hacer nada. Lee estos dos versículos que te ayudarán cuando necesites ser fiel:

El Señor es la fortaleza de mi vida (Salmo 27:1, RVC).

Todo lo puedo en Cristo que me fortalece (Filipenses 4:13).

¿Cómo Dios te ayuda con la fortaleza para ser fiel...

en el Salmo 27:1?

_____

_____

en Filipenses 4:13?

_____

_____

 La decisión es tuya

La fidelidad es una cualidad muy poco común. ¿Te das cuenta de que si andas en fidelidad, te convertirás en una heroína, como Daniel y sus jóvenes amigos? Decidieron hacer bien las cosas y ser fieles cuando no era fácil hacerlo.

¿Qué significa la palabra héroe para ti? ¿Cómo crees que Dios te llama a ser una heroína en tu casa o en tu escuela?

▪ Toma decisiones buenas de verdad ▪

En este capítulo analizamos la Palabra de Dios y aprendimos qué es la **F-I-D-E-L-I-D-A-D**. En esta página, escribe para cada letra un propósito según lo que declaramos en este capítulo. (Voy a ayudarte a empezar con la letra «F»).

Fidelidad es un fruto del Espíritu.

I _____

D _____

E _____

L _____

I _____

D _____

A _____

D _____

Ahora, escribe algo que te gustó, aprendiste o quieres hacer acerca de ser fiel.

_____

_____

_____

_____

_____

Por último, dedica el tiempo para sellar el deseo de tomar decisiones buenas *de verdad* con las palabras de esta oración:

Querido Dios, tu Palabra dice en Lamentaciones 3:23: «¡Muy grande es su fidelidad!». Señor, eso es lo que quiero y necesito: ser más semejante a ti. Por favor, ayúdame a ser fiel en todas las cosas, empezando en casa con mi familia y mis responsabilidades allí. Amén.

10

Decide confiar en Dios

Megan tomó algunas decisiones muy malas la semana pasada. Todo empezó con decidir no levantarse. ¡Parecía algo tan insignificante! En cambio, al volver la vista atrás, Megan podía ver cómo esa decisión comenzó un descenso vertiginoso en su semana.

Junto con esa primera decisión desafortunada vino la segunda: no hacer sus devocionales ni tener un tiempo de oración. Después de todo, cuando te levantas tarde, ¡es imposible encontrar tiempo para el devocional!

Bueno, esas decisiones fueron personales. Sin embargo, después decidió ser antipática con otros, cascarrabias con su familia y no ayudar en casa.

¿Y en su corazón? Sabía lo que estaba haciendo cuando tomó la decisión de elegir a las «populares» en lugar de las amigas de la iglesia, y hasta despreció a su mejor amiga esperando convertirse en una de las chicas populares en la escuela.

Sí, Megan se sentía como un total fracaso. Fue una semana muy mala. No, para ser más exacta, ¡fue un conjunto de malas semanas! Es más, a Megan le costó trabajo recordar la última vez que tomó una decisión buena o apropiada por sí misma. Por lo general, cuando las cosas se ponían muy feas, sus padres intervenían y se aseguraban de que fuera a la cama, se levantara a tiempo y se pusiera la ropa que correspondía para ir a la escuela. La lista de sus padres al rescate era infinita.

En el fondo, Megan sabía que era lo bastante mayor como para tomar estas decisiones por su cuenta. Aun así, estaba decidiendo, sí, *decidiendo*, ser perezosa, obstinada e ir en contra de lo que sabía que tenía que hacer. También sabía que lo hacía porque no quería *tomar* buenas decisiones de verdad... lo que generaba que sus padres la tuvieran que forzar a hacer lo bueno.

Ahora es domingo. Tal vez porque sea la hora de ir a la iglesia, Megan se esté dando cuenta de lo mal que se siente por su fracaso en hacer las cosas que agradarían a sus padres y, en especial, a Dios. Con un sentimiento de derrota y confusión, se desliza poco a poco hacia un asiento en la clase de chicas jóvenes en la iglesia. Por fin, su tristeza es real y sincera.

Para entonces, la señorita Julie, su maestra de Escuela Dominical, comienza su charla sobre Proverbios 3:5-6.

¡La diversión en la Palabra de Dios!

Megan siempre había estado ajena a la conducta de sus compañeros y de su círculo cristiano. Era su decisión, por supuesto. Claro, siempre había ido a la iglesia. (¡Sus padres se aseguraban de que fuera!) Y asistía a la clase de la Escuela Dominical para muchachas preadolescentes. A pesar de eso, nunca había sintonizado de verdad lo que pasaba ahí dentro (repito, su decisión).

En su lugar, Megan decidió vivir con un pie en el mundo y con un pie en la escena cristiana. Por momentos, se comportaba de la forma en que les decían sus padres. Por fuera obedecía, pero por dentro se rebelaba siendo cruel con su hermanita menor, haciéndoles pasar un mal rato a sus padres y siendo un problema para sus maestros en la escuela. No le gustaba ser una muchacha insoportable.

Megan sabía en su corazón que estaba en otra encrucijada. En este domingo memorable, tenía algunas luchas importantes. En su corazón sabía que había tomado muchas malas decisiones, sobre todo en la manera en que se comportaba.

Mientras Megan se sentaba en la clase con la cabeza gacha, sabía que tenía que tomar una decisión firme de no permitir que el mundo influyera en ella y empezar a vivir como Jesús. Tal vez, y solo tal vez, algo que la señorita Julie dijera podría ayudarla. Por primera vez en MUCHO tiempo, hizo el esfuerzo de escuchar, de hacerlo *de verdad*.

Ahora, imaginémonos que estamos sentadas al lado de Megan en su clase de Escuela Dominical. Escuchemos cómo comienza a hablar la señorita Julie sobre un versículo en la Biblia. La señorita Julie está a punto de llevar a sus muchachas (¡y a ti!) a través de un estudio sobre confiar en Dios. Una vez más, toma tu bolígrafo y escribe las respuestas a medida que revisemos algunos versículos de la Biblia. Analicemos la palabra C-O-N-F-I-A-N-Z-A.

La señorita Julie comienza la clase diciendo: «Abran sus

Biblias». (¡Hurra! Por primera vez en mucho tiempo, Megan se había acordado de traer la Biblia a la iglesia). La señorita Julie agregó: «Vayan conmigo al libro de Proverbios, capítulo tres, y miremos los versículos cinco y seis». A continuación, la señorita Julie leyó los versículos en voz alta:

Confía en el SEÑOR con todo tu corazón, y no te apoyes en tu propio entendimiento. Reconócele en todos tus caminos, y Él enderezará tus sendas (Proverbios 3:5-6, LBLA).

onfía en el Señor. *Confía en el SEÑOR con todo tu corazón* (versículo 5). ¿Alguna vez has sentido que no tienes en quién confiar o que nadie entiende por lo que estás pasando cuando tienes que tomar una decisión importante? ¡Es horrible sentirse tan sola! Algunas veces, tus padres no se identifican con tu problema. Y tus amigos no son de mucha ayuda. Sientes que tienes un gran peso en tus jóvenes hombros. Entonces, oras a medias: «Si solo hubiera alguien con quien hablar... alguien a quien le pudiera confiar mis problemas y decisiones. Entonces, sabría con exactitud qué hacer».

Cuando tu lista de personas está vacía, decides que no hay nadie que pueda ayudarte. Así que tomas la decisión por tu cuenta, sin ningún aporte de nadie más. A veces, tu decisión es buena. En cambio, otras veces (como en el caso de las muchas malas decisiones de Megan), terminan en un desastre.

La verdad es que, sí, hay alguien en quien puedes confiar el cien por cien de las veces, con el cien por cien de las decisiones que tengas que tomar.

Ahora, mira Proverbios 3:5: *Confía en el SEÑOR con todo tu corazón*. ¿En quién dice que tenemos que confiar?

Ese alguien es Dios, ¿verdad? Según ese mismo versículo, ¿cómo debemos confiar en Dios?

Dios sabe el cien por cien de las veces lo que es cien por cien mejor para ti. Él sabe con exactitud lo que es adecuado para ti, lo que necesitas... y lo que no necesitas. También sabe lo que es bueno o dañino. En realidad, es la mejor persona con la que puedes contar al tomar decisiones.

Tal vez ya lo sepas. Aun así, ahora es tiempo de que lo creas de verdad y lo apliques en tu vida. En cada decisión que tomas, desde las pequeñas hasta las enormes, debes confiar en Dios por completo y creer que Él puede ayudarte a tomar la decisión apropiada y lo hará. Allí es donde tiene lugar la frase *con todo tu corazón* (versículo 5).

Niégate a hacer las cosas a tu manera. *No te apoyes en tu propio entendimiento* (versículo 5). Si estuvieras apoyada contra una pared, ¿qué sería lo que te sostendría?

Dios no te pide que dejes de lado tu habilidad para pensar o razonar. Te pide que no dependas ni te apoyes en tu propia sabiduría. ¿Lo sabes todo? ¿Has experimentado todo lo que hay que experimentar?

Tu respuesta a cada una de estas preguntas debe ser *no*. Por eso Dios dice que no deberías apoyarte en tu propia sabiduría. En su lugar, necesitas escuchar a la sabiduría de la Palabra de Dios, de tus padres y de maestros sabios como la señorita Julie.

Este era el problema de Megan. Quería lo que quería. Y escuchaba a todos menos a Dios. Cuando tomaba decisiones, no tenía en cuenta a Dios ni a las verdades en la Biblia. Sin duda alguna, ¡Megan se apoyaba en su propio entendimiento!

Tú y cada persona del planeta siempre estarán tentadas a hacer algo mal. Sin embargo, aquí tienes un versículo que te da incluso más razón para confiar en Dios:

Ustedes no han sufrido ninguna tentación que no sea común al género humano. Pero Dios es fiel, y no permitirá que ustedes sean tentados más allá de lo que puedan aguantar. Más bien, cuando llegue la tentación, él les dará también una salida a fin de que puedan resistir (1 Corintios 10:13).

Anota algunas de las verdades que te dice este versículo acerca de Dios:

_____

_____

_____

_____

_____

Megan tuvo problemas porque no se tomó el tiempo para orar y pedirle a Dios y a sus padres que la ayudaran con las personas, oportunidades y situaciones en su vida. ¿Qué harás la próxima vez que necesites tomar una decisión de la que no estás segura?

_____

_____

_____

Comprende **quién tiene el control.** *Reconócele en todos tus caminos* (Proverbios 3:6, LBLA). ¿Cómo reconoces la presencia de una amiga? La llamas por su nombre. La saludas con la mano. Sonríes y gritas un saludo. Tal vez corras a ella y le des un gran abrazo.

Reconocer a Dios no es muy diferente. ¿Qué dicen estos versículos acerca de la presencia de Dios en tu vida?

¡No tengas miedo ni te desanimes! Porque el SEÑOR tu Dios te acompañará dondequiera que vayas (Josué 1:9).

_____

_____

_____

Yo [Jesús] *estaré con ustedes todos los días, hasta el fin del mundo* (Mateo 28:20, RVC).

_____

_____

El Señor está siempre contigo. Él está presente siempre, aun cuando no lo puedes ver. Además, promete no dejarte nunca, ni abandonarte, ni ponerse en tu contra. Hace todo esto por ti. Sin embargo, hay algo que tú debes hacer. Debes reconocer su presencia en tu vida. Según los siguientes versículos, ¿cuál es la mejor manera de reconocer a Dios?

A ti clamo, SEÑOR soberano; a ti me vuelvo suplicante (Salmo 30:8).

_____

_____

No se inquieten por nada; más bien, en toda ocasión, con oración [...] presenten sus peticiones [necesidades] a Dios (Filipenses 4:6).

¿Qué es lo que no debes hacer cuando tienes un problema?

_____

_____

_____

¿Qué es lo que debes hacer en su lugar?

_____

_____

_____

A través de la oración puedes hablar con Dios acerca de cada decisión que tienes que tomar. Él te ayudará con mucho gusto. Para Él, cada decisión es importante... así debería ser para ti también. Entonces, ora con un corazón sincero: «Señor, ¿qué quieres que haga? ¿Qué es lo que hay que hacer?».

La ayuda de Dios trae sendas derechas. *Y él enderezará tus sendas* (versículo 6, Lbla). Tu parte en tomar decisiones buenas *de verdad* es la de reconocer a Dios en todo y procurar hacer las cosas a su manera. Según el versículo citado aquí, ¿qué promete Dios que hará?

_____

_____

Algunas traducciones dicen: *Él te mostrará cuál camino tomar* (NTV). En otras palabras, el trabajo de Dios es dirigirte y guiarte, hacer que tu camino sea derecho y evidente. Él despejará el camino para que puedas ir adelante en lo que es mejor para ti y le agrade a Él. Tus decisiones serán adecuadas... lo que significa que disfrutarás más de la vida y tomarás menos decisiones malas. ¿No te parece genial?

Tiempo de decidir. Megan escuchaba cómo la señorita Julie enseñaba acerca de Proverbios 3:5 y 6, ¡y encontró la ayuda que deseaba en su corazón! Fue como si se hubiese prendido una luz. ¡Y era tan sencillo! Todo lo que tenía que hacer era confiarle a Dios los detalles de su vida, y *Él* la ayudaría a tomar decisiones buenas *de verdad,* ¡las decisiones adecuadas!

Sin embargo, solo había un pequeño problema, el pecado de Megan. En estas últimas semanas, había acumulado una lista bastante larga de pecados. Megan suspiró y se preguntó: «¿Cómo puedo comenzar de cero con Dios? ¿Hay alguna manera en que pueda volver a empezar? ¿Cómo puedo cambiar mi vida?».

Entonces, Megan se preguntó: «¿Podrá Dios perdonarme alguna vez?».

Bueno, una vez más, ¡Dios vino al rescate! Utilizó de nuevo a la señorita Julie, quien parecía estar leyendo la mente de Megan a medida que leía Efesios 1:7:

En él [Jesús] *tenemos la redención mediante su sangre, el perdón de nuestros pecados, conforme a las riquezas de la gracia.*

¿Qué le sucede a nuestro pecado cuando ponemos nuestra fe y nuestra confianza en Jesús?

_____

_____

_____

Dios es cien por cien santo y sin pecado. Por otro lado, todos somos pecadores. Como resultado, todos estamos separados de Dios. La mala noticia es que gracias a nuestro pecado nos merecemos el castigo y la muerte. Aun así, la buena noticia es que gracias a la muerte de Jesús en la cruz podemos aceptar por fe que Él murió en nuestro lugar por nuestros pecados. ¡Podemos obtener perdón por nuestros pecados!

Luego, la señorita Julie hizo una oración muy sencilla por todas las muchachas que no hubieran recibido perdón de sus pecados. Las animó a que hicieran esta oración. También les recordó que la oración debe venir del corazón y ser sincera:

Jesús, sé que soy pecadora. Quiero darle la espalda a mis pecados y seguirte. Creo que moriste por mis pecados y resucitaste, y quiero aceptarte como mi Salvador personal. Ven a mi vida, Señor Jesús, y ayúdame a obedecerte de ahora en adelante. Amén.

Megan oró junto con la señorita Julie porque sabía en su corazón que tenía que cambiar su vida y entregársela a Jesús... debía hacerlo de verdad. Mientras terminaba su oración, Megan supo sin lugar a dudas que creía de verdad que Jesús era su Salvador. Supo que sus pecados fueron perdonados ahora que se había comprometido a seguir a Jesús. Megan sabía, además, que en verdad quería hacer lo bueno, vivir de la manera que Dios quiere, tomar decisiones buenas *de verdad*.

¡Qué libertad! Todo lo que Megan podía hacer era agradecer a Dios en su corazón una y otra vez por un nuevo comienzo, ¡por un nuevo corazón! Se sintió limpia de su pasado, ¡y de las últimas semanas! En su corazón, ya no iba a vivir para sí misma, y estaba lista y emocionada para empezar a vivir de verdad para Jesús.

♥ La decisión es tuya ♥

Hazte, ahora mismo, estas preguntas: ¿Necesito hacer lo que dice el versículo de Proverbios, «confiar en el Señor» con todo mi corazón? ¿He confiado por completo en Dios al entregarle mi corazón a Jesús? Si dices que lo hiciste, escribe algunas decisiones que hayas tomado que les demuestren a ti, a tu familia y a otros que estás viviendo para Jesús.

_____

_____

_____

¿Hay maneras en que podría estar creciendo como cristiana? Por ejemplo, ¿estoy leyendo más la Biblia? ¿Estoy orando más a menudo? ¿Estoy avanzando en ser un buen miembro de mi familia, en especial con mi mamá y mi papá? ¿Y con mi hermano y mi hermana? Escribe algunas ideas que tengas que te ayudarán a crecer más en estos aspectos:

_____

_____

_____

_____

Toma decisiones buenas de verdad

En este capítulo analizamos la Palabra de Dios y aprendimos acerca de la **C-O-N-F-I-A-N-Z-A**. En esta página, escribe para cada letra un propósito según lo que declaramos en este capítulo. (Voy a ayudarte a empezar con la letra «C»).

C onfía en el Señor.

O _____

n _____

F _____

I _____

a _____

n _____

Z _____

a _____

Ahora, escribe algo que te gustó, aprendiste o quieres hacer respecto a confiar en Dios.

_____

_____

_____

_____

_____

Por último, dedica el tiempo para sellar el deseo de tomar decisiones buenas *de verdad* con las palabras de esta oración:

Querido Señor, ayúdame a recordar que siempre puedo apoyarme en ti. Cuando tengo un problema, o una preocupación, o una decisión que tomar, sé que puedo confiar en que me guías para tomar la decisión adecuada. Te entrego mi corazón, y quiero confiar en ti con todo mi corazón. Amén.

Libros de **Elizabeth George**

Una joven conforme al corazón de Dios

¿Qué significa incluir el corazón de Dios en tu vida diaria? Significa entender y seguir su perfecto plan para tus amistades, tu fe, tu familia, tus relaciones y tu futuro. Aprende cómo crecer más cerca de Dios, disfrutar de relaciones significativas, tomar decisiones sabias, hacerte fuerte espiritualmente, construir un futuro mejor y cumplir los deseos de tu corazón.

El caminar con Dios de una joven

Amor, alegría, paz, paciencia, amabilidad, bondad, fidelidad, humildad y dominio propio son cualidades que poseía Jesús y quiere que las poseas tú también. Elizabeth George te lleva paso a paso a través del fruto del Espíritu Santo para ayudarte a sacar lo máximo de tu vida.

El llamado de una joven a la oración

A partir de su propia experiencia, la Biblia y la vida de otros, Elizabeth te revela el explosivo poder y el impacto dinámico de la oración en la vida diaria. En este libro descubrirás cómo hacer de la oración una realidad, establecer un tiempo regular para hablar con Dios, orar de corazón por tus necesidades diarias, vivir al máximo la voluntad de Dios y adorar a Dios a través de la oración. El llamado de una joven a la oración te ofrece instrucciones, paso a paso, a fin de experimentar una entusiasta vida de oración.

Guía de una joven para las buenas decisiones

Cuando se trata de tomar decisiones, ¿cómo puedes estar segura de que estás tomando la decisión adecuada, la mejor decisión? ¿Deseas agradar a Dios de la misma manera en que haces amigas, pasas tu tiempo y tratas a tu familia? Encontrarás puntos útiles que te ayudarán a entender la sabiduría de Dios y a vivirla.

Notas

Guía de una jovencita para las _buenas_ decisiones